패밀리레스토랑
서비스품질

패밀리레스토랑 서비스품질

• 서진우 지음

KSI 한국학술정보(주)

[목 차]

제5장 결 론   123

제1장

서 론

제1절 연구의 배경

외식산업은 인간의 기본적인 생리적 욕구를 충족시켜 주는 대표적인 서비스 산업으로 경제발전과 더불어 국민경제에서 차지하는 비중이 커져 가는 성장산업이다. 국내 외식시장은 1980년대부터 국민소득의 증가, 지속적인 경제성장, 국제적인 대규모 행사와 관광ㆍ여가에 대한 관심의 증가로 인하여 급성장해 왔다. 그러나 사회적 환경의 변화, 경제적인 요인, 문화적인 요인, 맞벌이 부부의 증가, 고객욕구의 변화 등을 배경으로 양적 수준의 성장은 하였지만 질적 수준은 아직 미약한 상태이다.

고객만족은 서비스 품질수준에 따라 결정된다고 할 수 있는데 결국 이 수준은 고객이 평가하는 서비스 품질에 달려 있다고 볼 수 있다. 따라서 패밀리레스토랑과 같은 환대산업은 서비스 품질의 최종목표인 고객만족을 달성하기 위해서는 지속적으로 고객이 인지하는 서비스 품질에 대해 평가하고, 동시에 서비스 품질에 대한 부정적인 영향을 미치는 요인들을 즉각 수정함으로써 고객만족을 이끌어낼 수 있다.

외식업체에 종사하는 대부분의 사람들은 고객들의 불만은 때때로 일어날 수 있다는 점을 인정한다. 그런데 불만족한 제품과 서비스에 대한 고객의 행동은 직접 불만을 표출하거나, 그 제품이나 서비스를 더 이상 이용하지 않거나, 또는 부정적인 입소문 전파로 나타난다. 그렇기 때문에 고객이 제품과 서비스에 대해 직접적으로 불만을 표출하지 않으면 만족한 고객으로 생각하지만 대부분의 고객들은 그들이 받은 서비스에 대해 문제점이 많지만 불만을 직접 표출하지 않는다고 한다. 그 결과 관리자들은 불만을 표출한 고객수를 중심으로 제품과 서비스의 질을 측정하기에 나쁜 서비스와 부정적인 구전의 심각성을 평가절하 하는 경향이 있다.(Charlett, Garland & Marr; 1995)

패밀리레스토랑은 최근 10년 사이 우리나라 외식시장의 규모가 확대되고 외식산업이 질적으로 성숙하면서 매우 급속한 성장세를 보이고 있으며 그로 인한 경쟁은 점차 심화되고 있다. 특히 2000년 대에 들어서면서 지금까지의 외국 브랜드를 중심으로 한 체인점에서 탈피한 순수 국내 브랜드의 체인점들이 급속히 생겨나기 시작하였고 각 업체들 간의 기술수준이 대체로 평준화됨에 따라 고객을 끌어들이기 위한 마케팅 방안을 전개하고 있다.

현대사회에서 서비스는 인적 서비스를 포함하여 서비스 시설과 서비스 시스템, 서비스를 제공하는 기업 이미지, 시설적인 측면 등을 포함한 총체적이고 포괄적인 것이다. 이러한 상황에서 서비스의 품질은 경쟁시장에서 우위에 점하기 위한 필수적인 요소이다.

외식산업의 성장과 함께 외식업체 간의 경쟁이 확대되는 상황하에서는 소비자의 구매에 영향을 미치는 선택속성을 파악하는 일은 매우 중요한 것이다. 왜냐하면 변화하는 소비자들의 선택속성은 소비자의 구매행동에 직접적인 영향을 미치기 때문이다.(Engel, 1982)

기업들은 신규 고객을 유치하기 위해 많은 예산과 인적 자원, 각종 판촉활동 등을 통해 고객들을 확보하는 반면 고객들은 어느 한 기업에 오래 머무르기보다는 서비스에 대한 불편함이나 불만족 등과 같은 요인으로 인해 다른 기업으로 전환을 고려하게 된다. 그러나 기업이 신규고객을 창출하는 비용은 기존고객을 유지하는 비용보다 5배 정도 더 많이 들고 기존고객을 유지함으로써 불확실한 시장상황에서 안정적인 수익을 창출할 수 있기에 고객이탈을 방지

하는 것이 패밀리레스토랑의 장기적인 성공요인이 될 수 있을 것이다.(Berry, 1980)

구매 전 의도는 구매 전 태도로부터 영향을 받으며 구매 전 태도는 다시 구매전 기대에 의해 형성되고 소비자의 구매 후 태도와 재방문 의도는 구매 전 인지 변수 즉 구매 전 태도와 구매 전 의도와 고객 만족과 불만족 정도에 의해 결정된다는 이론(Oliver, 1980)은 다른 여러 고객 만족과 재구매 의도의 관계에 대한 연구에 지대한 영향을 끼쳤다고 볼 수 있을 것이다.

일반적으로 식생활 패턴을 변화시키는 요인으로는 소득, 인구의 연령별 구성비, 가족수, 여성의 사회활동 참여도, 도시화, 국제화를 비롯하여 교육수준, 주거형태 등을 꼽고 있다. 이용자들의 선택속성이 구매에 직접적인 영향을 미치게 되므로 이용자의 구매에 영향을 미치는 선택속성을 파악하는 것은 매우 중요한 과제이다. 일반적으로 이용자의 구매의사결정 과정은 문제인식, 정보탐색, 대안선택, 구매, 구매 후 평가 등 다섯 단계를 거친다고 할 수 있다.(Engel, 1993; Kotler, 1994) 각 단계에 대하여 기업이나 소비자행동 연구자가 연구를 하면 무질서한 것처럼 보이던 소비자의 구매행동에 대한 예측이 가능해지며 이용자의 구매에 긍정적적인 영향을 미칠 수 있게 된다. 그리고 소비자들이 집에서 보내는 여가시간이 많아지고 이동이 편리해지고 가처분 소득이 증가함에 따라 계획적인 구매보다는 충동에 의한 비계획적인 구매행위를 하는 경향이 많다고 한다.(Assael, 1983)

최근 들어 패밀리레스토랑의 마케팅 환경은 매우 급격히 변화되어 가고 있으며 이런 환경변화 속에서 생존, 발전하기 위해서는 효율적인 포지셔닝으로 자체 경쟁력을 향상시키는 노력을 하지 않으면 안 된다. 즉 목표고객의 요구에 적합한 레스토랑의 선택속성은 무엇인지 파악하고 고객의 지각 속에 자기의 레스토랑이 어떻게 위치하고 있는지를 파악하여 목표고객의 이미지를 부각시킬 수 있는 포지셔닝 전략이 요구된다.

패밀리레스토랑 업체들은 고객을 유치하기 위한 경쟁은 심화되고 고객 수요는 제한되어 있는 상황에 살아남기 위해서는 고객의 변화와 욕구를 정확하게 파악하는 것이 무엇보다 중요하다. 따라서 본 연구는 패밀리레스토랑 이용객의 욕구를 정확하게 파악하고 올바른 마케팅 전략을 수립하기 위해서 현재까지 연구에서 잘 적용하지 않았던 Gap이론을 이용하여 구매행동과의 영향관계를 파악하고 이를 통한 시장세분화 변수를 변수화하여 선택결정요인의 영향관계를 파악하고 이에 따른 시장세분화 변수를 바탕으로 수요결정요인과 어떤 결정요인이 어느 정도의 수요량 증가를 보이는가를 알아보고자 본 연구가 제기되었다.

제2절 연구의 목적

기존의 연구들은 대부분이 회귀분석, IPA를 이용한 연구에 국한되어 왔는데 본 연구에서는 패밀리레스토랑 이용객의 선택속성을 고객만족관련 이론인 불일치 이론, 성과이론, 공정성 이론, 귀인이론 중 불일치 이론을 중심으로 패밀리레스토랑 선택속성 Gap 요인들을 긍정적, 부정적 그리고 순변화 불일치로 분해한 후 이를 통해 이용객에게 지각되어 표현되는 패밀리레스토랑 구매행동에 미치는 영향을 분석하였으며 이를 바탕으로 시장세분화 변수를 이용하여 세분화된 고객 유형에 대한 정보를 제공할 수 있을 것으로 기대된다. 또한 패밀리레스토랑 수요결정요인분석 및 시장세분화별 수요량을 추정하여 패밀리레스토랑의 효율적인 마케팅 전략수립과 표적시장을 선정하는 데 있다. 따라서 패밀리레스토랑 이용객이 서비스 품질 선택속성에 대한 순변화 Gap, 부정적 Gap과 긍정적 Gap으로 분해하여 부정적인 요소를 어떻게 제거할 것인가와 긍정적인 것과 부정적인 Gap에서 正, 負 관계를 나타내는 요인에 대해서는 두 부분 모두를 수용하는 범위에서 마케팅 전략을 수립해야 할 것이며 이를 바탕으로 시장세분화 변수를 만들어 선택결정요인에 어떤 영향과 수요결정요인을 알아보고자 한다.

따라서 본 연구의 연구목적을 다음과 같이 요약 제시할 수 있다.

첫째 패밀리레스토랑 선택속성이 구매행동에 미치는 영향을 분석한다.

둘째 패밀리레스토랑의 시장세분화 변수를 만들어 인구 통계적 변수와 선택결정요인이 미치는 영향을 분석한다.

셋째 패밀리레스토랑의 인구 통계적 변수와 선택요인 및 시장세분화 변수를 이용한 수요결정요인을 추정한다.

상기의 연구목적을 수행함으로써 본 연구가 기대하는 효과는 다음과 같다.

첫째 서비스 품질을 결정하는 선택속성을 패밀리레스토랑 방문 전후의 중요도와 만족도의 평가를 통해 이용객들의 구매행동에 어떤 영향을 주는지를 규명하여 서비스 품질 향상을 위한 방향 설정에 도움을 줄 것이다. 이러한 분석결과는 향후 패밀리레스토랑에 관련해 정해진 인력과 예산으로 우선 해결해야 될 사항을 결정하는 데 유용한 정보를 제공할 것으로 판단된다.

둘째 패밀리레스토랑 이용객들이 선호하는 패밀리레스토랑에 대한 평가인식에 따른 선택행동을 파악하여 마케팅 전략수립을 위한 시장세분화가 가능할 것으로 기대된다. 향후 경쟁우위 전략구사를 위한 기초 자료로 활용될 수 있을 것이다.

셋째 패밀리레스토랑 간의 수요에 영향을 주는 결정요인을 분석하고 수요량의 변화 요인의 예측을 통해 패밀리레스토랑으로 하여금 효과적인 패밀리레스토랑 방문수요 수급정책에 대한 필요정보와 경영에 대한 포지셔닝 전략에 대한 기본 프레임을 만드는 데 도움이 될 것으로 기대된다.

제3절 연구의 방법 및 범위

1. 연구의 방법

연구에서는 위와 같은 연구 목적을 달성하기 위하여 문헌연구(docu mentary study)와 실증조사(empirical study)를 병행하였다. 기존의 문헌연구를 통해 연구 과제를 설정하고 연구 과제의 현실적 타당성을 검증하기 위해서 실증조사를 통해 수집된 자료를 분석하였다.

본 연구는 패밀리레스토랑에 대한 구매행동, 시장세분화, 수요결정요인의 파악을 통한 패밀리레스토랑을 시장세분화를 통해 효율적인 마케팅 전략수립을 목적으로 설문조사를 실시하였다. 조사대상은 수도권 지역을 중심으로 2006년 9월 1일부터 10월 10일까지 자기기입식 설문조사를 실시하였다.

조사 자료에 대한 분석방법은 SPSS 10.0 for window를 이용한 기술통계와 요인분석과 군집분석을 실시하였으며 패밀리레스토랑의 구매행동, 시장세분화, 수요결정요인분석에는 LIMDEP(Limited Dependent variable models) 8.0을 이용하여 순서형 프로빗(OPM: Ordered Probit Model), 다항선택모형(MNL: Multinomial Logit Model), 포아송 모형(Poisson Model)을 분석하였다.

2. 연구의 범위

본 연구는 총 5장으로 구성되며 그 내용은 다음과 같다.

제1장은 서론 부분으로 연구배경, 연구의 목적, 연구방법과 연구 범위의 연구의 전반적인 틀을 제시하였다.

제2장은 이론적 배경과 선행연구를 조사에 해당하는 범위로 본 연구의 대상과 범위를 검토하며 다음과 같이 다섯 부분으로 구성된다. 먼저 연구의 대상과 범위에 해당하는 부분으로 1) 서비스 품질의 개요 및 측정방법 2) 패밀리레스토랑 선택속성과 고객구매행동 모형 3) 시장세분화 4) 패밀리레스토랑 서비스 품질 분석에 대한 모형설정으로 구성하였다.

제3장의 연구설계 부분에서는 연구과제와 연구 흐름도를 제시하였다. 그리고 실증조사를 위한 표본 및 조사도구에 관한 설계를 소개하였고 설문지의 구성 및 내용에 대해 기술하였다.

제4장에서는 조사 표본을 실증 분석한 내용을 제시하였으며 마지막으로 제5장에는 연구에 대한 시사점과 연구의 한계 등을 제시하였다.

본 연구의 전체적인 연구의 구성을 제시하면 다음〈그림 1-1〉
과 같다.

〈그림 1-1〉 연구의 구성

서 론		
· 연구의 배경	· 연구의 목적	· 연구의 방법 및 범위

↓

이론적 배경 및 선행연구의 검토	
1. 서비스 품질의 개요 및 측정방법	2. 패밀리레스토랑 선택속성과 고객구매행동 모형
3. 시장세분화	4. 패밀리레스토랑 서비스 품질 분석에 대한 모형설정

↓

연구설계		
· 연구과제 및 흐름도	· 조사설계	· 설문지 구성

↓

실증조사결과의 분석 및 요약	
· 실증 분석	· 결과 제시

↓

결 론	
· 연구의 요약 및 시사점	· 연구의 한계점

제2장

이론적 배경

제1절 서비스 품질의 개요 및 측정방법

1. 서비스 품질의 개요

서비스 품질의 핵심은 바로 서비스의 보증이라 할 수 있다. 서비스 보증이란 고객들에게 제공하는 서비스의 무형성을 유형성으로 변화시킴으로써 고객들로부터 서비스에 대하여 확신을 심어주는 것으로, 이는 서비스를 제공한 후 고객들로부터 나타나는 피드백으로 확인할 수 있는데 피드백에는 긍정적인 경우 잠재적이고, 지속적인 이익이 기업에 제공하는 형태로 나타나 부정적인 경우에는 고객이탈, 기업 이미지 악화 등의 형태로 나타나게 된다.(Fitzsimmons & Fitzsimmons, 2002)

고객은 서비스를 구매할 때 항상 품질이 공정하고 적절하다고 기대하지 않으며 품질을 일반적으로 최소의 표준보다 좀 더 나은 것으로 이해하는 경향을 띠는데 이때 제품 및 서비스의 규격과 가격에서의 품질 일치는 생산자의 책임이라 볼 수 있다. 서비스 품질에 대한 학자 간의 공통적인 견해는 품질에 대한 기대치와 품질 지각의 차이 정도라 할 수 있는데 이는 다시 말해서 고객에 의해 추구되는 서비스 속성의 정도와 이 속성들이 바람직한 수준으로 성취되었다고 고객들이 지각하는 정도를 의미하는 것이다.(Murdrick, Berry & Russell, 1990)

서비스 품질은 유형적인 실체라기보다는 실행이므로 제품품질과는 달리 불량률이나 내구성 같은 객관적인 척도에 의한 측정이 어렵기 때문에 고객의 인식으로 측정된다. Kotler(1990)는 서비스란 본질적으로 무형성을 갖고 있으며 어느 한쪽이 다른 쪽에게 제공하지만 어느 쪽의 소유로도 귀결되지 않는 행위나 성과를 말하고 그 생산은 유형적인 제품에 관련될 수도 있고 그렇지 않을 수도 있다고 정의한 바 있다.

서비스 품질은 크게 고객필요 관점, 고객의 품질지각 관점 그리고 고객만족 관점으로 구분된다.

고객필요 관점은 서비스 품질을 고객의 필요나 요구에 일치시키는 데 관점을 두는 것이다. Lewis & Booms(1983)는 서비스 품질이란 제공된 서비스가 얼마나 고객의 기대에 일치하는지 측정하는 것이라 정의하였고 여기서 품질 서비스의 제공이란 일관된 기준에서 고객의 기대에 일치하는 것이라 보았다.

결국 서비스 품질을 기업의 운영환경 내에서 고객이 원하는 것, 원하는 때에 수락할 만한 비용으로 제공하는 것 및 고객의 기대보다 나은 서비스를 제공하는 것이라고 정의할 수 있다.

Randall & Senior(1992)는 서비스 품질을 마케팅 개념에서는 고객의 필요를 이해하고 이 필요에 맞거나 초과하도록 확인하는 방법이라고 확인하였으며 운영관리자 입장에서는 운영명세에 대한 일치라고 구분하여 정의하였다. 이들은 고객의 기대에 영향을 미치는 요인으로 구전의사소통, 개인적 요구, 과거경험 및 서비스 제공자로부터의 외부 의사소통이 있으며 이러한 기대를 통해 고객들은 품질을 만족 또는 불만족으로 판단한다고 하였다.

고객의 품질지각 관점은 고객이 지각하는 품질의 중요성을 이야기하는 시작이다. 이러한 관점은 Grönroos(1983) & PZB(Parasuraman, Zeithaml & Berry, 1985)의 관점으로 서비스 품질이 고객에 의해 어떻게 지각되는지, 장기적인 관점에서 기업에 이 지각된 서비스가 어떻게 영향을 미칠 수 있는지 등에 대한 의문을 제시하고 이에 대한 해답을 구하는 것이다. 특히 Grönroos(1983)는 전체 서비스 품질은 고객이 서비스를 제공받기 이전에 기대하는 서비스와 실제로 서비스를 제공받은 전후 고객이 느끼는 서비스와 비교를 통해 결정된다고 주장하였다. 따라서 서비스 제공자들은 기대 서비스와 지각된 서비스가 고객만족을 달성하기 위해 서로 조화를 이루어야 함을 지적하고 있다. 이런 연구를 바탕으로 PZB(1988)는 후속연구에서 정량적 실증적인 방법을 통해 유형성, 신뢰성, 응답성, 확신성, 공감성 등 5개 차원, 22개 항목의 척도를 개발하였다. 지각된 서비스 품질의 개념을 서비스 성과와 관련한 전반적인 판단이나 태도로 지각된 품질은 기대 - 성과라는 소비자 지각과 기대 사이의 차이로 정의하고 있다.

고객만족 관점은 서비스 품질을 고객만족과 관련하여 이해하는 정의로 Carman(2000)의 정의가 여기에 해당된다. Churchill & Suprenant(1982)는 서비스 만족은 기대에 대한 일치 또는 기대불일치와 관련이 있으며 기대불일치가 개인의 처음 기대와 관련이 있고 만족은 기대불일치 경험의 크기와 방향에 관련이 있는 기대불일치 패러다임에 근거를 하고 있다고 하였다.

Cronin & Taylor(1992)는 지각된 서비스 품질이란 특정 서비스에 대한 장기적이며 전체적인 평가를 의미하는 태도로서 개념화되고 측정되어야 한다고 지적하면서 서비스 품질이 소비자 만족의 선행요인이라고 하였다.

Binter(1992)는 서비스 품질을 서비스에 대한 전반적인 태도와 평가로 정의하고 평가란 서비스 접점의 여러 가지 과정상의 평가이며 서비스에 대한 전반적인 탁월성과 우수성의 결과를 의미한다고 했다.

 품질에 대한 연구는 유형적인 제품을 대상으로 하는 연구에서 시작되었는데 재화, 제품 또는 상품에 있어서 품질이라 함은 성질을 말하는 것으로 규격에의 부합성, 용도 적합성, 고객 만족도, 가격 타당성, 효용 가치성 측면에서 정의되기도 하며 표준으로 받아들여질 수 있는 질로서 인식된다. 따라서 품질이란 유·무형 상품에서 소비자 조건을 만족시키는 데 최적의 의미를 갖게 된다.(김형준, 2004)

 이상에서 살펴본 서비스 품질에 대한 개념을 정리해 보면 먼저 서비스 품질은 기대와 성과의 비교에 의해서 인식되고 결과뿐만 아니라 과정에 대한 평가도 이루어진다. 그리고 서비스는 소비자 지향적으로 행해지는 활동이며 소비자의 평가가 중요한 부분을 차지하므로 서비스 품질도 소비자 지향적인 개념이라 할 수 있다. 마지막으로 서비스 품질은 구매 전보다는 구매 후나 소비과정에서 평가되는 경험적 성격이 강하다.

2. 서비스 품질 측정방법

 서비스 산업이 급속하게 성장하면서 1980년대 중반 이후부터 서비스를 연구하는 많은 연구자들이 서비스 품질을 측정하기 위한 척도가 필요함을 강조하기 시작하였다. 이러한 필요성은 많은 연구 성과로 이루어졌는데 대표적인 서비스 품질 측정 모델이 SERVQUAL 모델, SERVPERF 모델, EP 모델, 기대불일치 모델 등이다.

 서비스 품질에 관한 연구방향이 서브 퀄(SERVQUAL) 척도개발에서 점차 특정 서비스 업종의 서비스 품질 향상을 위해 SERVQUAL 척도를 수정하여 숙박업체에 적합한 새로운 척도인 LODGSERV를 개발하고 외식업체에 적합한 DINESERV를 개발하는 등 SERVQUAL

척도를 다양한 업종에 적합하게 세분화하는 추세로 변화하고 있다.

Knutson, Stevens & Patton, Thompson(1992)은 SERVQUAL을 응용하여 숙박업에 적합한 서비스 품질을 정의하고 측정하는 도구로 LODGSERV를 개발하였으며 Knutsonand, Stevens & Patton(1995) 은 SERVQUAL을 기초로 외식업의 서비스 품질을 측정할 수 있는 척도인 DINESERV를 개발하였다.

최근의 서비스 품질에 대한 연구주제는 첫째 SERVQUAL의 문제점을 보완한 수정모형을 제안한 것으로 기대개념을 제거하거나, (Cronin & Taylor, 1992) 컨조인트 분석, 중요도－성취도 분석을 채택하였다.(Carman, 2000 ; Hudson et al., 2004)

Brady & Cronin(2001)은 Dabholkar et al.(1996)이 확인한 바 있는 서비스 품질의 위계적 개념화를 채택하고 서비스 품질을 전반적인 서비스 품질 지각, 상호작용, 물리적 환경과 성과품질의 1차적 차원과 하위차원의 3단계로 구성하였다. 즉 서비스 품질 연구자들은 Parasuraman et al.(1988)이 주장한 5개요인(유형성, 신뢰성, 응답성, 확실성, 공감성)의 미국식 모형과 Grönroos(1982)가 주창한 2개 요인의 북 유럽식 모형에 대한 수정모형을 계속 발전시켜 나가고 있다.

1) SERVQUAL 모델

객관적으로 측정될 수 있는 물리적인 특징을 지닌 제품과는 달리 서비스 품질은 서비스 고유의 추상적인 특성으로 인해 객관적으로 측정하기 어려운 개념이지만 이에 대한 중요성을 인식한 연구자들은 여러 가지 측정방법을 연구하였다. 가장 대표적인 연구자들은 PZB로서 서비스 품질 갭(Gap) 모형을 이론적 근거로 하여 1985년, 1988년, 1991년 3차례에 걸쳐 다년간 4개의 서비스 분야의 기업 담당자 및 고객 집단과의 심층면접을 실시하였다. 이들은 연구결과를 바탕으로 서비스 품질을 측정할 수 있는 10가지 차원을 개발하였으며 이를 다시 5가지 차원 유형성, 신뢰성, 확신성, 대응성, 공감성으로 재정립하였다. 최종적으로 5개 서비스 품질 차원에 대한 고객들의 실질적인 서비스 품질평가를 확인하기 위하여 22개 측정항목을 개발하였는데 이를 SERVQUAL이라 한다. 그들의 연속적인 연구에서 여러 서비스 분야에 적용을 시도하여 서비스 품질과 고객만족 연구 분야에서 지배적인 개념으로 인정되어 왔다.

SERVQUAL은 Oliver(1980)의 기대-불일치 모델에 기초를 두고 있으며 개발의 절대적인 토대는 불일치 모델이고, 불일치 모델에서 만족은 기대와 성과의 불일치에 대한 함수관계이며, 성과-기대의 개념이 SERVQUAL의 개념적 기초를 제공한 것이다.

PZB가 주장한 서비스 품질을 평가하는 10가지 차원을 살펴보면 다음 〈표 2-1〉과 같다.

〈표 2-1〉 서비스 품질을 평가하는 10가지 차원

10가지 차원	수정된 5가지 차원	서비스 품질 측정요소
유형성 (Tangibles)	유형성 (Tangibles)	서비스 평가를 위한 외형적인 단서 (물리적시설과 장비 및 외관, 다른 고객, 도구, 종사원 용모, 서비스 관련자료)
신뢰성 (Reliability)	신뢰성 (Reliability)	약속된 서비스를 정확하게 수행할 수 있는 단서(시간 내 제공, 정확한 기록과 청구서, 문제해결, 완벽한 서비스)

10가지 차원	수정된 5가지 차원	서비스 품질 측정요소
대응성 (Responsiveness)	대응성 (Responsiveness)	고객을 돕고 빠른 서비스 제공의지(신속하고 싱의 적절한 서비스, 고객요구에 즉시 응답, 고객요구에 신속)
능력 (Competence)	확신성 (Assurance)	서비스를 수행하는 데 필요한 지식과 기술보유(지식과 기술의 정도, 연구개발, 서비스 제공능력)
예절 (Courtesy)		고객과 접촉하는 종사원의 친절과 배려, 공손함(정중한 태도, 고객의 재산과 시간에 대한 배려)
신용도 (Credibility)		서비스 제공자의 진실성, 정직성 (기업 평판, 이미지, 정직성, 강매 정도)
안정성 (Security)	확신성 (Assurance)	위험, 의심으로부터의 자유 물리적, 심리적 안전, 비밀보장, 재산상의 안전)
접근가능성 (Access)	공감성 (Empathy)	교통 등의 접근 가능성과 쉬운 접촉 (장소, 전화예약, 대기시간의 편리성)
커뮤니케이션 (Communication)		고객의 말에 귀 기울이고 고객에게 쉬운 말로 알림(서비스에 대한 설명, 비용 설명, 문제해결 보증)
고객이해 (Understanding the Customer)		고객과 그들의 욕구를 알려는 노력 (고객의 요구사항, 개별적인 관심, 우수 고객 관리)

자료: Parasuraman. Zeithaml & Berry(1990), Delivering quality service, pp.181
  -183.

2) SERVPERF 모델

  PZB에 의해서 개발된 SERVQUAL은 많은 연구자들에 의해 서비스 품질을 연구하는 데 이용되어 왔다. 그러나 많은 연구자들에 의해서 SERVQUAL에 대한 비판과 서로 다른 견해는 종종 논쟁의 대상이 되어 왔는데 그중 Cronin & Taylor(1988)는 여러 마케팅 문헌을 토대로 서비스 품질은 태도로 개념화될 수 있으며 따라서 태도 측정 시 SERVQUAL의 개념화와 조작화가 부적절하다고 주장하면서 특히 그들은 '성과 - 기대' 대신에 '성과'만이 서비스 품질을 결정짓는다는 서비스 품질 = 성과라는 공식하에 성과만을 중요시하는 척도인 SERVPERF(Service performance - based scale development)를 개발하였다. 그리고 이들은 성과항목을 중심으로 서비스 품질을 측정하고자 하였고 SERVPERF를 발전시킨 'weight SERVPERF'를 개발하여 성과항목에서 중요한 항목에 대해서는 가중된 결과를 부여함으로써 그들의 주장을 발전시켜 나갔다. 특히 서비스 품질의 개념화 및 측정의 문제와 서비스 품질, 고객만족, 구매의도의 3개념 간의 관계를 연구하였다.

〈표 2 - 2〉 Cronin & Taylor의 서비스 품질 차원

1	최근 기술과 장비	12	고객 서비스에 헌신적인 종업원
2	가시적이고 물리적인 설비와 시설	13	고객의 직원에 대한 신뢰성
3	깨끗하고 정중한 종업원	14	예의 바른 종업원
4	서비스를 수행하기 위한 시설	15	고객에 대한 개인적인 배려
5	시의 적절한 서비스	16	고객 개인에 대한 관심
6	고객불만에 대처하는 정도	17	직원의 고객 필요사항 파악
7	기업에 대한 신뢰성	18	고객의 관심사항 파악
8	예약과 약속이행 능력	19	고객요구에 신속한 대응
9	정확한 기록유지	20	종업원의 안전한 업무처리
10	서비스 내용에 대한 설명	21	능숙한 직원과 기업에 대한 관심
11	훌륭한 서비스	22	이용하기에 편리한 영업시간

자료: J. Joseph Cronin, Jr & Steven A.5 Taylor, Measure Service Quality, Journal of Marketing, Vol.56(July). pp.65 - 67.

더욱이 SERVQUAL에서 사용된 22개 속성과 5개 차원을 토대로 성과만으로 구성된 자신들의 SERVPERF와 SERVQUAL의 우수성을 비교한 연구에서 SERVQUAL은 연구대상이 4가지 산업(은행, 방역, 패스트푸드, 세탁소) 중 은행과 패스트푸드에서만 SERVPERF는 4가지 산업 모두에 적합하다는 연구결과를 제시하였다. 또한 소비자의 지각된 성과만으로 서비스 품질을 측정하는 SERVPERF가 중요도를 고려한 가중 SERVQUAL[서비스 품질=중요도×(성과-기대)]에 비해 훨씬 더 적절한 방법이라는 것이다. 다음은 이들 관계를 나타낸 것이다.

서비스 품질=성과(P)   (SERVPERF)
서비스 품질=성과(P)-기대(E)   (SERVQUAL)
서비스 품질=중요도×(성과-기대)   (가중 SERVQUAL)
서비스 품질=중요도×(성과-기대)   (가중 SERVPERF)

3) EP 모델

평가된 성과 모델인 EP(Evaluated Performance) 모델은 속성에 대한 기대가 이상점으로 인식될 때 지각된 성과 모델의 상반성 문제를 극복하기 위해 Teas(1993)가 제시한 것으로 핵심적인 이슈는 '기대'에 관한 정의이다. 그는 서비스의 기대수준은 규범적 기대수준이고 EP는 성과의 이상적 표준을 나타낸다고 하였다. 또한 서비스의 지각된 성과와 서비스 품질평가 사이에는 일정한 긍정적인 관계가 존재할 수 있다고 하면서 이러한 이상점 속성들의 경우 지각된 성과가 이상점보다 못하거나 동일할 경우에만 긍정적인 관계가 존재하고 이상점을 상회하는 경우에는 부정적인 관계가 나타난다고 보는 것으로 나타나는 것으로 보았다.

두 번째 이슈는 변수의 조작적 정의와 관련된 것으로 SERVQUAL
의 기대측정 설명표현이 응답자들로 하여금 비현실적으로 높은 값
에 응답하도록 유도하고 있다는 것이다. 또한 응답자들이 설문항목
에 대해 적절한 기대수준에 미치지 못했을 경우에는 타당성의 문제
가 된다고 주장하였다. SERVQUAL의 22개 질문항목이 다소 중복
되고 모호하다는 점도 한계점으로 지적하고 있다.

이와 같이 Teas는 SERVQUAL을 비판하고 그에 대한 대안으로
평가된 성과 모델과 규범화된 품질(NQ: normed quality) 모델을 제
시하였다. 이 모델들은 고전적 이상점의 개념을 지각된 품질 모델에
적용한 것이다. 그는 SERVQUAL(P-E) 모델, 가중된 SERVQUAL
모델을 대상으로 실증분석을 실시하여 기준 타당성과 개념 타당성
의 측면에서 비교한 결과 EP 모델이 가장 우수하다고 주장하였다.

SERVQUAL의 성과-기대 개념들은 우선 기대에 대한 개념적
정의가 분명하지 않아서 이론적 정당성과 타당성이 결여된다는 비
판과 함께 대안으로 평가된 성과 모델을 제시하였다.

4) 중요도-실행도 분석

서비스 품질을 측정하는 또 다른 방법으로서 Hemmasi et al.(1994)
은 Parasuraman et al.(1985)에 의해 고안된 SERVQUAL을 대체하
는 수단으로서 환대산업에서 서비스 품질을 측정하는 데 중요도-
실행도 분석(IPA: Importance performance analysis)을 이용하였으
며 1977년에 Martilla & James(1977)에 의해 소개된 이래 관광발전
을 위한 가치평가, 컨벤션 개최지 서비스, 관광 및 호텔정보시스템,

리조트형 컨벤션 센터 활성화 등에서 채택되어 사용되었다.(이혜련
· 김정만, 2003; 김계섭 · 조주은, 2004; 김만술, 2004; 박헌지 · 주현
식 · 권영국, 2005) Martin(1995)은 호텔산업에서 서비스 품질의 소
비자 기대에 대한 서비스 제공자들의 지각을 조사하는 데 중요도 - 실
행도 분석을 이용하였다. Martilla, James(1977) & Guadagnalo(1985)
등 마케팅 연구자들이 많은 관심을 가지고 있던 IPA는 대상재화나
서비스에 대해 이용 전에는 각 속성의 중요도를 이용 후에는 실행
도를 이용자 스스로가 평가함으로써 각 속성의 상대적인 중요도와
실행도를 동시에 비교 분석하는 방법이다.(Hammitt et al., 1996)

Oh(2001)는 중요도 - 실행도 분석은 이용자 만족도를 측정하기
위하여 우선 이용자가 어떤 속성을 중요하게 여기는지를 조사한
뒤 이용 전에는 각 속성의 중요도를, 이용 후에는 실행도를 이용자
스스로 평가하게 하여 각각의 속성을 상대적인 중요도와 성취도를
동시에 비교 · 분석하는 기법으로 정의하였다.

IPA는 분석이 간편하고 결과해석이 용이하며 어려운 통제적 기
법을 사용하지 않고도 평가속성의 평균값과 매트릭스를 이용하여
빠르고 쉽게 결과를 도출해 낼 수 있는 이상적인 평가도구로 활용
되고 있다.(Duke & Persia, 1996; Hollenhorst et al., 1992)

IPA는 평가요소의 중요도(importance)와 실행도(performance)를 측
정하여 2차원 도면상에 표시하고 그 위치에 따라 의미를 부여하며
중심점을 기준으로 나누어진 사분면에 표시하는 방법으로 〈그림 2-1〉
과 같이 표시된다.(최기종 · 박상현, 2001)

〈그림 2-1〉 중요도-실행도 분석 매트릭스

	실행도(고)		
중요도 (저)	과잉 노력 지향 (possible overkill) 제2사분면	좋은 성과 지속유지 (keep up the good work) 제1사분면	중요도 (고)
	낮은 중요도 (low priority) 제3사분면	노력 집중화의 지향 (concentrate here) 제4사분면	
	실행도(저)		

자료: Martilla & James(1977). Importance-performance analysis. Journal of Marketing. 41(1): 13-17.65

첫째 제1사분면(좋은 성과 지속유지: keep up the good work)

이용자들도 평가속성에 대해 중요하게 생각하고 있고 실제로 평가속성에 대한 실행도 또한 비교적 잘 이루어지고 있는 상태로 계속 유지해 나가는 것이 바람직하다.

둘째 제2사분면(과잉노력지향: possible overkill)

이용자들이 중요하게 생각하고 있지 않는 평가속성에 대해 실행도가 과잉되게 나타난 상태로 실행도를 줄이거나 투입된 노력을 다른 평가속성에 투입해야 할 것이다.

셋째 제3사분면(낮은 중요도: low priority)

이용자들의 평가속성에 대한 중요도가 낮게 평가되고 있고 실행도 또한 낮은 상태로 현재 이상의 노력이 불필요한 상태의 속성들이다.

넷째 제4사분면(노력 집중화의 지향: concentrate here)

이용자들이 평가속성에 대해 중요하게 생각하고 있는 반면 이 평가속성에 대한 실행도에서는 낮게 평가된 상태로 향후 시급히 개선해야 하는 속성이다.

　이상과 같이 중요도 실행도 분석은 우선순위를 도출해 내는 것이다. 중요도와 실행도 매트릭스는 정해진 인력과 예산으로 우선 해결해야 될 사항을 결정하는 데 유용한 정보를 제공하며 제4사분면에 속한 항목들이 우선 개선되어야 할 사항들이다.

　IPA는 마케팅, 교육, 심리학 등 여러 분야에서 활용되었고 관광분야에서는 서비스 품질 평가,(Zang & Chow, 2004; 손대현·김병삼, 1999; 박상현, 2001) 공원시설평가,(Hollenhorst et al., 1992; Guadanglo, 1985) 이미지 분석(Chon et al., 1991) 그리고 관광정책 평가,(Evans & Chon, 1989) 관광발전을 위한 가치평가,(최기종·박상현, 2001; 변우희·노정철, 2003; 장병수·변우희, 2004) 관광정보시스템,(노정철, 2003; 김문수, 2004) 컨벤션(김성섭·임재문·이형룡, 2001) 등 많은 영역에서 채택되어 사용되었다.

　IPA의 기본가정은 제품이나 서비스 성과에 대한 기대와 판단으로부터 도출된 속성에 대한 고객의 만족에 대한 수준이다.(Reymond & Choi, 2000) 그러나 이러한 IPA 이론에서는 중요도와 실행도 사이의 Gap의 방향성과 크기만을 사분면에 표시한 것일 뿐 Gap의 의미로서 불일치가 고객만족 또는 소비자 행동에 미치는 영향에 대한 분석은 간과하고 있다. 요인을 구성하고 있는 측정변수들이 항상 같은 방향으로 움직이는 것은 아님을 전제로 할 때보다 분석적인 연구가 되기 위해서는 요인 역시 요인을 구성하고 있는 측정항목들의 방향을 고려하여 부정적 또는 긍정적 불일치로 분석할 필요가 있다.

　중요도-실행도 기법은 복잡한 통계기법을 사용하지 않아도 평가속성의 평균값과 2차원 매트릭스를 통해 빠르고 쉽게 결과를 도출해 낼 수 있어서 시간과 비용절감을 할 수 있어 실무담당자에게 유용하게 활용된다.(Duke & Persia, 1996) 중요도 평가가 어떤 일정 값에 집중되는 경우에는 평균값보다 중앙값(median)을 사용한다고 하였다.(Martilla & James, 1977)

IPA에서는 지각된 성과가 기대보다 높은 영역(낮은 중요도/높은 실행도), 즉 이용자들은 중요하게 생각하고 있지 않지만 실제로는 성과가 과잉되게 나타나는 속성들은 대개 기대와 성과 간의 긍정적인 Gap을 가진 속성들을 의미한다. 또한 지각된 성과가 기대보다 낮은 영역(높은 중요도/낮은 실행도)은 이용자들이 평가속성에 대해 중요하게 생각하고 있는 반면 이 평가속성에 대한 실행도에서는 낮게 평가된 상태로 부정적 Gap 속성들을 의미하며 향후 시급히 개선해야 하는 속성들이 포함되어 있는 것으로 볼 수 있다. 그리고 기대와 성과가 일치하는 영역(높은 중요도/높은 실행도, 낮은 중요도/낮은 실행도)은 평가속성 간에는 Gap이 발생되지 않음을 의미한다. 궁극적으로 본 연구에서는 기존의 중요도-실행도 분석에서 간과된 중요도 실행도 사이의 Gap이 고객만족에 미치는 영향을 불일치 이론으로 확대하여 Gap의 어떠한 분해적 요소가 패밀리레스토랑 이용객 구매행동에 영향을 미치는지를 알아본다.

5) 기대 불일치 모델

(1) 기대의 의의와 측정

기대를 제품에 대한 사용 전의 신념이라고 정의를 내리고 있다.(Olsen & Dover, 1979) Swan & Trawick는 기대를 어떤 기관의 여러 가지의 특징적인 속성에 있어서 어떤 수준의 성과를 달성하리라는 신념이라고 정의하고 있다.(Swan & Trawick, 1982) 일반적으로 기대에 대한 정의를 정리해 보면 제품의 구매에 앞서 그 제품에 대해 가지게 되는 개별적·주관적인 신념과 가치부여라고 할 수 있다. 기대를 어떻게 측정할 것인가의 문제는 곧 기대의 구성개념을 어떻게 파악할 것인가도 같은 맥락으로 볼 수 있다. 그리고 기대에는 예상된 성과수준과 예상된 속성 수준에 대한 평가 그리고 이 성과수준이 달성되리라는 예측이 모두 포함된다고 지적하고 있으며,(Oliver, 1977) 다른 한편으로 기대는 두 개의 기본요소, 즉 성과와 만족의 기대된 수준, 그리고 기대된 수준의 성과가 얼마나 실현되느냐에 대한 제품 이용자의 예측으로 구성되어 있다고 주장하고 있다.(Olsen & Dover, 1979) 이와 같이 기대의 측정방법에는 제품의 속성이나 만족에 대한 예측과 예측의 실현가능성의 정도에 대한 측정이 모두 포함되고 있다.

방문자 만족의 결정변수로서 연구되는 성과는 실제적인 제품·서비스 성과라기보다는 방문자가 인식하는 지각된 성과이다. 방문자 만족에서 지각된 성과가 하나의 중요한 결정변수라는 것은 명백한 사실이다. 지각된 성과가 소비자 만족·불만족의 직접적인 영향변수로 포함되는 것은 당연하다.(Tse & Wilton, 1981)

(2) 지각된 가치의 의의와 측정

소비자는 제품이나 서비스를 구매하는 데 있어서 자신의 가치를 표현해 줄 수 있는 것을 선택하려는 경향을 가지고 있다. 가치란 제품에 대해 지불하는 것과 제품에서 얻는다고 느끼는 것을 근거로 판단하게 되는 효용으로 소비자의 전반적인 평가라고 정의되고 지각된 가치란 소비자가 이미 제공받았거나 혹은 어떤 것이 제공되는 동안 지각에 근거하여 특정제품에 대한 효용을 평가하는 것이다. 먼저 소비자의 지각된 가치는 저렴한 가격으로 제품 또는 서비스를 소비한 후 만족을 원하거나 주관적으로 느끼는 유용성으로 보았다. 또한 교환 관계 측면에서 가치를 지불한 가격에서 얻는 품질, 품질과 비례하여 가장 저렴한 가격, 품질과 동일한 개념이며 적절한 품질로 정의하여 제품 또는 서비스 품질의 중요성을 강조하였다.(Zeithaml & Binter, 1998)

성과는 대체로 제품성과(actual product performance)와 지각된 제품성과(perceived product performance)로 나눌 수 있다. 실제적 제품성과는 제품이 가지고 있는 객관적 제품성과를 의미하는 것이고 지각된 제품성과는 소비자들이 개인적 차원에서 주관적으로 지각하는 제품의 성과를 의미한다.(이학식 등, 2003) 따라서 객관적 제품의 성과와 지각된 성과 간에는 다소 차이가 발생할 수 있다.

Sweeney & Soutar(2001)은 소비자의 지각된 가치측정을 위해 기존의 연구를 바탕으로 해서 한 가지 요인(가격 또는 품질), 세 가지 요인(가격, 품질을 한 요인으로 간주하고 감정적 가치와 사회적 가치 측면의 요인을 추가), 네 가지 요인(가격, 품질, 정서적, 사회적 측면)으로 가치를 측정한 결과 네 가지 요인일 때 가장 적합성이 높다고 제시하였다.

Latour & Peat(1979)는 기대 불일치 개념만으로는 소비자의 만족·불만족 형성을 정확하게 설명할 수 없음을 지적하고 이 지각된 제품성과의 중요성을 주장하고 있으며, 제품의 성과에는 실제적인 제품의 성과와 지각된 제품의 성과가 있으나 결국 제품의 성과는 소비자의 주관적이고 심리적인 차원에서 지각되는 제품의 성과라고 보고 소비자의 자각된 제품의 성과를 측정하게 되는데 이는 당연한 측정방법이라고 할 수 있다.

PIMS(profit of Impact Marketing Strategies)에서는 가치를 품질과 가격 간의 관계로 개념화하고 있으며 모든 제품과 서비스가 소비자들의 행동에 영향을 미치는 데 있어서 지각된 가치가 중요한 작용을 하는 것으로 밝히고 있다.(Buzzell & Gale, 1987)

Woodruff(1977)에 의하면 소비자들의 지각된 가치란 특정한 것을 이용하는 상황에서 소비자들의 목표와 목적달성을 촉진하는 이용으로부터 연속적으로 발생하며 내부성과와 이에 대한 소비자들의 평가 및 선호를 의미한다고 설명하였다.

Oh(2000)는 가치를 측정하기 위하여 제품과 서비스에 대한 가격비교, 금전적 가치, 가격보다 좋을 것, 가격에 상응한 무엇인가에 대한 가치를 측정하고 있다.

Naylor & Frank(2001)는 가치에 대한 소비자의 지각에 대해서 가격이 미치는 영향을 분석하는 그들의 연구에서 금전적 원가, 기대된 금전적 원가, 품질, 전반적인 금전, 기대하는 전체가격, 전체가격의 성과를 독립변수로 설정하고 가치를 종속변수로 하여 그 영향관계를 규명한 결과 유의한 영향을 미치고 있음이 증명되었다.

본 연구에서는 지각된 가치는 패밀리레스토랑을 이미 이용하였거나 혹은 이용하는 동안 지각에 근거하여 평가한 서비스에 대한 효용으로 정의하고 지각된 가치를 측정하고 한다.

(3) 기대불일치 이론

기대 불일치 이론(expectation disconfirmation theory)은 사용자의 만족이 상품이나 서비스의 바람직한 특성에 대한 신념의 집합인 기대와 실제의 사용 경험과의 비교로 인해 발생한다는 것이다. 그러므로 만족에 대한 평가는 다양한 비교가 필요한 여러 상호작용의

복잡한 과정에서 발생한다.(Tse & Wilton, 1988) 또한 Olive(1980)
는 만족을 최초 기대와 불일치의 가산적 함수(addictive function)
로 제안하였는데 이는 불일치뿐만 아니라 기대도 만족의 결정에
직접적인 영향을 미치는 것으로 본 것이다. 즉 소비자의 만족 형성
과정에서 기대는 직접적 그리고 불일치의 매개를 통해 지각된 성
과는 불일치의 매개에 의해 그리고 불일치는 직접적으로 만족에
영향을 미치는 것으로 개념화하였다. 재화와 서비스의 소비자 만족
을 설명함에 있어서 지배적으로 사용되고 있는 이론은 기대불일치
(expectation-disconfirmation) 이론이다. 이 이론의 전개과정은 다
음과 같다. 먼저 소비자 만족은 소비경험을 통하여 소비한 제품이
나 서비스에 대한 성과의 예측인 기대가 나타나고 다음으로 제품이
나 서비스가 사용된 후 성과에 대한 인지가 형성되며 마지막으로
인지된 성과를 예측된 기대와 비교하게 된다. 여기서 성과가 기대
보다 높으면 만족은 증가하게 되고(긍정적 기대불일치), 성과와 기
대가 동일하면 기대일치, 성과가 기대에 못 미치면 불만족(부정적
기대불일치)을 인지하게 된다.(Swan & Matin, 1980)

기대-성과 불일치 이론은 1970년대 초반 본격적으로 등장한 이
래 소비자 만족·불만족 연구의 중심이론이 되어 왔다. 이 이론에
따르면 소비자들은 기대와 성과의 불일치를 비교하여 제품, 서비스
에 대한 만족결정을 내린다고 한다. 대부분의 연구에서 불일치가 만
족의 유의한 결정변수라는 사실에 대해서는 의견의 일치를 보이고
있다.(Bearden & Teel, 1983; Westbrook & Reilly, 1983; Swan &
Trawick, 1981)

Swan & Trawick은 기대를 희망적 기대(Desire Expectation),
예측적 기대(Predictive Expectation)로 구분하였는데 이러한 두 가

지 기대에 대해서 희망적 기대가 예측적 기대보다 클 경우와 예측
적 기대가 희망적 기대가 같을 경우, 희망적 기대가 예측적 기대보
다 작을 경우의 3가지 유형으로 분류하여 각각의 결과에 따른 성
과 및 기대일치 및 기대불일치, 만족의 결과를 구분하였는데 그 내
용을 구체적으로 살펴보면 〈표 2−3〉과 같다.

〈표 2−3〉 기대 및 성과, 만족 간의 관계

유 형	성 과	기대일치 및 불일치 결과	만족결과
P·E 〉 D·E	R·P 〉 P·E	긍정적 기대불일치	높은 만족
	R·P = P·E	예측적 기대일치	높은 만족
	R·P = D·E	희망적 기대일치	만족
	R·P 〈 P·E	부정적 기대일치	불만족
P·E = D·E	R·P 〉 P·E, D·E	긍정적 기대일치	높은 만족
	R·P = P·E, D·E	기대일치	만족
	R·P 〈 P·E, D·E	부정적 기대일치	불만족
	R·P 〉 D·E	긍정적 기대불일치	높은 만족
P·E 〈 D·E	R·P = P·E	희망적 기대일치	만족
	R·P = D·E	예측적 기대일치	불만족
	R·P 〈 P·E	부정적 기대불일치	높은 만족
* 희망적 기대: D·E, 예측적 기대: P·E, 성과(R·P)			

자료: Swan, John & Frederick Trawick. (1979). Satisfaction Related to Predictive vs Desired Expectation, Refining Concepts and Measures of Consumer Satisfaction and Complaining Behavior ; 8

불일치 패러다임은 소비자들이 지각된 제품성과에 사전 소비기대
를 비교한다고 주장한다. 기대를 초과한 성과는 긍정적으로 불일치
되며 기대와 동등한 성과는 일치되며 기대에 미달하는 성과는 부정
적으로 불일치된다. 기대가 부정적으로 불일치될 때는 불만족하게

되며 기대가 긍정적으로 불일치될 때는 만족하게 된다. 불일치 모델은 실패, 회복에 대한 고객의 반응을 이해한 모델로 진보해 왔다.(Oliver, 1981)

Grönroos(1984)는 서비스 품질에 대하여 소비자들은 그들이 기대한 서비스와 실제 받은 서비스의 차이를 비교한다고 했으며 Parasuraman et al.(1985)은 Grönroos(1984)의 개념을 사용하여 서비스 품질은 기대(Expectation)와 성과(performance) 또는 기대와 지각(Perception)의 차이라고 정의하였다.

이런 기대-성과 불일치는 각기 시차를 두고 다른 시기에 형성되는 과정이다. 기대는 구전이나 광고, 과거의 평균적인 성과경험에 형성되는 반면 불일치는 사용 경험에 대한 방문자의 인지로부터 발생한다. 여기서 방문자 만족은 기대-성과와 불일치의 함수로 가설화된다.(Oliver & Desarbo, 1988)

마케팅과 소비자 행동 연구에서는 사용자 만족에 관한 많은 연구들이 행해졌으며,(Oliver & Desabo, 1988; Tse & Wilton, 1988; Spreng et al., 1996) 기대 불일치 이론은 소비자의 만족 그리고 서비스 마케팅(Oliver, 1980; Tse & Wilton, 1988)과 관련된 연구에서 널리 사용되었다.

〈그림 2-2〉 기대불일치 모델

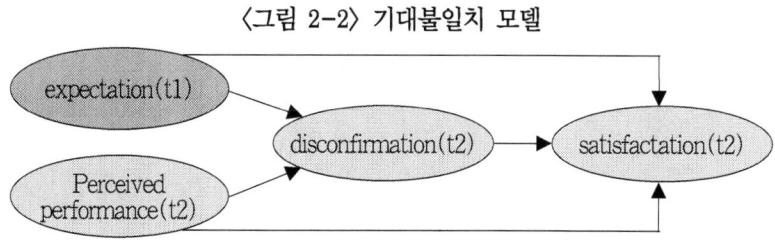

주) t1=pre-consumption varariable; t2=post-consumption varariable

〈그림 2-2〉는 기대불일치 이론에서 주요 구성 개념과 그들 사이의 관계를 보여준다. 소비자의 구매 이전의 기대는 사용 후의 기대불일치와 사용자 만족에 영향을 미치며 사용 후 인지된 성과 또한 기대불일치에 영향을 미친다는 것이다. 이 이론은 제품의 재구매와 서비스의 계속적 이용에 관한 연구에서 많이 사용되고 규명되었다.(Bhattacherjee, 2001)

구순이(1999)는 모호성 정도에 따른 기대와 성과의 역할 차이를 서비스 업종을 대상으로 분석한 결과 모호성이 높은 의료 서비스에서는 성과가 만족형성에 직접적인 영향이 없는 반면 모호성이 낮은 금융 서비스에서는 성과의 만족에 대한 직접효과가 있는 것으로 나타나 모호성 정도에 따라 기대와 성과의 역할이 다르다는 것을 보여주었다.

이유재 · 이준엽(2001)은 서비스 품질을 기대와 지각의 차이로 측정하는 것의 문제점 등을 제시하였으나 기대와 지각 또는 기대와 성과의 차이로 측정하는 것이 더 우수하다는 입장도 많이 있어서 뚜렷한 결론이 난 상태는 아니라는 것을 지적하였다.

김계수(2002)는 연구가 예측력을 파악하는 것에 중점을 둔다면 성과에 대한 지각을 파악하는 것이 적절하고 제공되는 서비스의 적정성 여부를 판단하는 경우는 기대 서비스와 지각 서비스의 차이를 평가하는 것이 바람직할 수 있다고 하였다.

Oliver(1980)는 만족에 불일치가 직접적으로 영향을 미치는 것으로 개념화하였다. 불일치에는 긍정적 불일치, 부정적 불일치, 단순한 불일치가 존재하며 일반적으로 불일치는 이전에 기대했던 것보다 경험하거나 이후에 지각된 가치가 다름을 의미한다.(Jonathan & William, 2001)

윤성준 · 박종원(2003)의 연구에서는 부정적 불일치와 긍정적 불일치 중 부정적 불일치가 재구매 의도나 고객충성도에 더 큰 영향을 준다고 하였다.

요약컨대 기존의 불일치를 적용한 연구(윤성준·박종원, 2003; 이유재·이준엽, 2001; Jonathan & William, 2001)에 있어서는 전체요인에 대한 긍정적, 부정적 불일치가 만족도, 재방문 의사, 구전의도에 미치는 영향 등 소비자의 행위변수에 미치는 영향을 파악하였다. 하지만 불일치 역시 제공되는 서비스의 다양성을 고려한다면 소비자에 의해 인지되는 서비스의 유사성에 근거하여 살펴보는 것이 보다 분석적이다.

이학식 등(2003)은 긍정적 불일치와 부정적 불일치의 정도가 같은 경우에 불일치로써 이를 측정하게 되면 같은 수준의 불일치로 측정된다고 하였으나 긍정적 불일치 인지와 부정적 불일치 인지의 방향성을 정확히 규명할 필요가 있다.

한편 Marcolin(1994)은 비현실적으로 높은 기대를 가진 이용자들은 낮은 수준의 만족과 연관되어 있음을 규명하였고 Staples et al.(2002)는 만족이 불일치된 경험의 크기와 방향과 연관이 있으며 기대를 현실적으로 유지하도록 하는 것이 경영의 가장 큰 관심사임을 제시하고 있다.

만족은 기대와 불일치의 직접적인 영향에 의해 결정되며 긍정적 불일치란 지각된 성과가 기대보다 높을 때 유발되는데 이것은 긍정적 Gap이 클수록 고객만족은 높아진다는 것을 의미한다. 또한 부정적 불일치는 지각된 성과가 기대보다 낮을 때 유발되는데 이것은 부정적 Gap이 클수록 고객만족이 낮아진다는 것을 의미한다. 그러나 기대불일치 이론은 이후에 만족 관련 연구들을 통해 많은 비판이 제기되고 이에 대한 대안모형들이 제시되었지만 만족의 결

정요인들을 규명하는 데 우수한 모형으로 간주되고 있다.(이학식 · 안광호 · 하영원, 2003)

고객만족 문헌에서 제안한 기대불일치 이론에 따르면 고객들은 제품성과와 기대를 비교하여 제품에 대한 만족결정을 내린다. 고객들은 상품이나 서비스를 구매한 후 구매 전 자신들이 가지고 있던 기대와 실제 구매 후 성과 간의 비교에서 성과가 기대보다 큰 것으로 인지될 때 긍정적 불일치(positive disconfirmation)를 인지한다. 만족은 고객이 긍정적 불일치를 인지할 때 발생하는 결과라고 할 수 있다. 고객들은 그들이 낮은 수준의 보상을 받을 때 불만족하며 기대수준 이상으로 보상을 받을 때 만족한다. 이 모델의 특성은 제품성과가 기대보다 높다고 지각할수록 만족을 경험할 것으로 보는 데 있다.(Oliver, 1997; Oliver, 1980) 기대불일치 모델에 관한 연구는 많은 연구자들에 의해 수행되었으며 지금까지 고객만족 결정을 설명하는 가장 대표적인 모델로 받아들여지고 있다.

기대불일치 이론에 대한 일반적인 결과의 평가과정은 사전의 기대수준과 구매 후의 평가 사이의 성과(performance)의 차이에 대한 결과를 평가하는 것으로 볼 수 있는데 실제 지각된 성과가 기대했던 것보다 좋으면 긍정적 불일치(positive disconfirmation), 실제 지각된 평가가 기대했던 성과에 미치지 못하면 부정적 불일치(negative disconfirmation)가 발생하는 것을 확인하는 것이다. 이러한 의미는 결국 긍정적이든 부정적이든 간에 불일치의 결과는 고객만족에 정(+), 또는 부(−)의 영향을 미치고 있음을 의미한다. Erevelles & Clark은 이러한 불일치의 과정을 현재시점(t)과 기대 및 성과의 결과에 대한 미래시점(t+1)을 고려하며 이론적인 모형은 〈그림 2−3〉과 같이 표현할 수 있다.

〈그림 2-3〉 기대-성과 불일치 과정모형

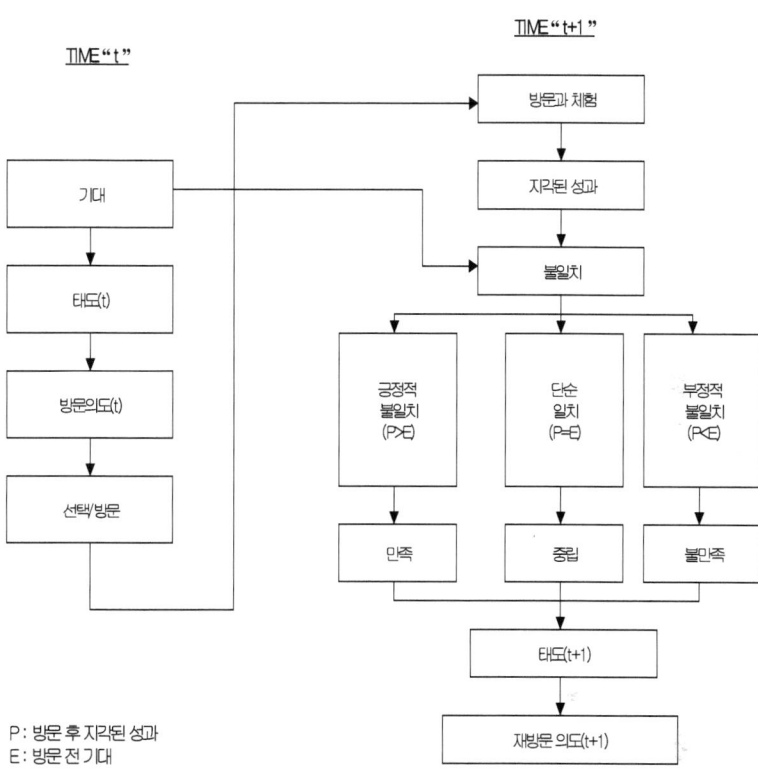

자료 : Erevelles, Sunil & Clark Leavitt(1992). A Comparison of Current
      Models of Consumer Satisfaction/Dissatisfaction, Journal of Consumer
      Satisfaction, Dissatisfaction and Complaining Behavior, 5 ; 106.

그러나 기존의 불일치를 적용한 연구(윤성준·박종원, 2003; 이
학식 외, 2003; Staples et al., 2002; Marcolin, 1994)에 있어서는
전체 요인에 대한 긍정적 또는 부정적 불일치가 만족도, 즉 소비자
의 행위변수에 미치는 영향만을 파악하였으며 특히 외식부문에서
불일치의 방향을 요인별로 나누어 분석한 사례는 전무하다.

또한 패밀리레스토랑 이용객의 기대와 방문한 후 인지에 미치는 영향을 정확히 규명하기 위해서는 기대불일치 이론을 적용하여 긍정적, 부정적, 전체적 불일치가 패밀리레스토랑 이용객의 구매행동, 즉 전체적 만족도, 재방문 의사, 브랜드 전환에 미치는 영향을 알아보아 패밀리레스토랑 이용객들이 어떤 요인들에 만족하고 불만족하는지 그리고 전체적인 전체적 Gap에 긍정적 Gap과 부정적 Gap의 어떠한 요인들이 영향을 크게 미치는지를 정확히 규명할 필요가 있다.

따라서 본 연구에서는 전반적인 만족을 패밀리레스토랑을 이용한 결과에서 얻어졌다고 지각하는 가치에 대한 전반적인 만족으로 정의하고 단일항목으로 측정하고자 한다. 기존의 서비스 품질 측정 방법에서 사용하는 단지 불일치이론에 대한 평균분석, 컨조인트 분석, 중요도 분석, 회귀분석의 기존 틀을 벗어나 불일치 이론에서 얻어지는 값으로 요인을 묶은 뒤 군집분석을 통한 시장세분화를 하여 선택요인과 인구 통계적 특성이 어떤 유형의 군집에 영향을 미치고 시장세분화에 대한 변수를 변수화하여 패밀리레스토랑 이용객의 수요결정요인을 규명하고자 하는 것이 이 연구의 중요 차별화된 방법이다.

제2절 패밀리레스토랑 선택속성과 고객구매행동 모형

1. 패밀리레스토랑 선택속성

점포를 선택할 때 점포의 개성 또는 이미지가 이용고객의 기대에 부합되어야 선택이 이루어지는데 점포가 가진 속성은 이용고객

의 점포선택에 있어서 선택기준으로 작용하게 되며 점포유형, 이용
고객의 특성 등에 따라 그 중요도가 상이하게 나타난다. 점포속성
에 대한 지각은 점포선택에 영향을 미치며 또한 그 점포의 제품에
대한 지각에도 영향을 준다.(kunkel & Berry, 1968)

미국 레스토랑 협회(NRA: National Restaurant Association, 1983)
는 패스트푸드, 패밀리레스토랑, 팬시 레스토랑의 외식소비자들의
태도와 행동을 조사하였는데 음식, 서비스, 분위기의 3가지 차원에
초점을 맞춰 각각의 속성을 조사하였다. 음식에 대한 속성은 맛, 음
식의 적정온도, 음식의 모양, 음식의 신선도, 주문한 대로 조리되었
는지의 여부, 주문한 대로 가니쉬가 되었는지 여부, 메뉴의 다양성
등 7가지이고 서비스에 대한 속성은 음식 서브의 신속성, 직원들의
미소, 즉각적인 좌석으로의 안내, 추가로 필요한 것이 있는가에 대
한 질문 여부, 식사 후의 인사 여부, 주문한 음식의 제공시간 알림
여부, 이름표의 부착 여부 등 7가지이다. 분위기에 대한 속성은 청
결성, 화장실의 청결, 실내장식의 적절한 온도, 안락한 의자, 식사하
기에 조용한 분위기, 매력적인 실내장식 등 6가지이다. 연구결과 패
밀리레스토랑의 소비자들은 음식의 속성에서 음식의 맛에 대한 기
대 정도가 가장 높았으며 서비스에서는 직원들의 미소가 가장 높
았고 분위기에서는 전체적인 청결이 가장 높은 기대점수를 얻었다.
특히 패밀리레스토랑을 찾는 가장 큰 이유는 편리성으로 나타났으
며 이용 빈도는 월 4-5회 정도 이용하는 것으로 나타났다. 또한
음식의 가격이 높을수록 음식의 맛, 신선도, 친절한 직원들, 실내장
식 등의 속성에 더욱 높은 기대감을 나타냈다.

본 연구에서는 전체적으로 실내온도, 금연석, 외관, 수용력, 대기
시설 등의 시설부분의 만족도가 높게 나타났다.

〈표 2-4〉 NRA의 연구에 의한 패밀리레스토랑 선택속성

분류	순위	선택속성	응답률(%)	전체순위
음식	1	음식의 맛	70.3	3
	2	주문한 대로 조리되었는지 여부	65.4	4
	3	음식의 신선도	64.0	5
	4	음식의 적당한 온도	63.3	6
	5	음식의 외양	58.0	7
	6	주문한 대로 가니쉬 되었는지 여부	46.9	12
	7	메뉴선택의 다양성	37.8	13
서비스	1	직원들의 미소	52.6	9
	2	추가로 필요한 것이 있는지의 여부	48.2	10
	3	식사 후 인사 여부	40.7	14
	4	음식 서브의 신속성	33.8	15
	5	즉각적인 좌석으로의 안내	27.3	17
	6	주문한 음식의 제공시간 알림 여부	26.0	19
	7	이름표의 부착 여부	16.3	20
분위기	1	전체적인 청결성	81.9	1
	2	화장실의 청결성	76.3	2
	3	적당한 실내온도	55.4	8
	4	안락한 의자	44.6	11
	5	식사하기에 조용한 분위기	29.2	16
	6	매력적인 실내장식	24.3	18

자료: National Restaurant Association Research and Information Service Depa -rtment(1983), Consumer Expectation with regard to Dining at Family Restaurant.

Lambert & Watson(1984)은 레스토랑의 성공요인으로 레스토랑의 인테리어 디자인이 고객행동과 만족에 큰 영향을 미치고 있다는 것을 레스토랑 경영자들은 인식해야 한다고 하였다.

Schroeder(1985)는 신문이나 잡지에 실린 레스토랑에 대한 비평문들은 그것을 읽은 구독자들에게 레스토랑 선택 시 영향을 미친다는 점을 레스토랑 경영자들은 관심을 가져야 한다고 지적하고 레스토랑을 평가하는 중요기준으로 9가지 척도를 제시하였는데 즉 음식의 질, 서비스 질, 분위기, 가격, 메뉴의 다양성, 위생, 건물의 외양, 음식의 영양 및 양 등이며 비평가의 80%가 음식의 질을 중요도 제1항으로 제시하고 있다.

Hart & Casserly(1992)의 연구는 레스토랑 산업에서 경쟁적 우위를 확보하는 방법은 오직 '질'에 있음을 전제하고 사례연구로서 일본기업들의 품질관리의 개념이 일반기업에서뿐만 아니라 레스토랑 산업에까지 어떻게 적용될 수 있는지를 일본인이 운영하는 링거 헛(Ringer Hut)을 예로 설명하고 있다. 특히 이 링거 헛에서는 QC의 적용방법으로 품질기능 전개표를 만들어 서비스 전 과정에 적용시켜 경쟁상대보다 앞설 수 있는 QC운영방법을 제시하고 있다.

Swinyard & Struman(1986)은 레스토랑 마케팅에서는 자신들이 어떤 고객층을 상대로 경영하고 있는지, 자사시장을 완벽하게 파악하는 것을 제1의 조건으로 강조하고 있다. 시장세분화를 적용시키는 것은 자사의 마케팅 노력을 더욱 정교하게 하며 향상된 마케팅 기회를 얻고 자사의 프로모션 예산에서 지출을 알맞게 배분할 수 있는 방법이라고 주장하였다. 또한 이 연구에서 경영자들이 인구통계적 사항, 라이프스타일, 선호하는 레스토랑의 형태, 단골고객의 빈도, 이용목적 등과 같은 특성을 통하여 표적고객들을 확인할 수 있음을 강조하고 있다. 또한 레스토랑 고객의 실태조사를 통하여 고객이 레스토랑을 선택할 때 미치는 가시적 속성을 확인하였다.

Dhir(1987)는 노르웨이인을 중심으로 그들의 레스토랑 선택요소에 대한 연구에서 회전율, 레스토랑 점유율, 음식의 질, 가격, 편리한 위치, 오락, 지역적인 평판, 종사원의 친절성, 메뉴의 다양성 그리고 테마 중심의 일관성 등 10개의 선택속성을 제시하였는데 이러한 속성의 다양성 중에서 식당 점유율 속성은 손님이 많은 레스토랑은 영업이 잘되고 있는 증거로 인지시키기 때문에 식당 점유율은 레스토랑의 선택에 영향을 미친다고 주장했으며 음식의 질과 가격 그리고 편리한 장소가 가장 중요한 레스토랑의 선택속성으로 제시하였다.

Leslie & Smith(1987)의 연구에서는 이용 상황과 서비스 속성에 따른 레스토랑 선호를 분석하였는데 이용고객의 선택행동 모델을 제시하고 레스토랑에 대해 내려진 의사결정을 통해 경영과 마케팅의 관련성을 논하고 있다. 레스토랑의 선택속성으로는 가격, 서비스, 분위기, 주류, 음식 등을 제시하고 친구와의 식사, 생일축하, 사업목적, 가족식사 등의 네 가지 상황에 대해 각 속성의 상대적 기여도를 측정하였는데 서비스 수준과 수준 높은 주류의 확보가 전반적으로 레스토랑의 선택에 가장 큰 영향을 미치고 있고 가격, 분위기 등의 순서로 나타났다.

Cadotte & Turgeon(1998)은 식음 서비스 속성에 대한 고객의 불만족 만족속성을 조사 비교하였는데 그들은 주차가능 정도, 레스토랑 주변의 교통 혼잡도 등 26개의 속성 중심으로 조사하였다. 〈표 2-5〉를 보면 고객들이 가장 만족하고 있는 속성은 서비스 품질, 음식의 질, 직원들의 태도 등의 순으로 나타났으며 가장 불만족하고 있는 속성으로는 주차가능 정도, 레스토랑 주변의 교통 혼잡도, 서비스 품질 순으로 나타났다. 또한 그들은 레스토랑 관리자에게 식음 서비스 속성들을 만족요인, 불만족 요인 등으로 분류하여 전략적 시사점을 제공하고 있다. 만족요인이란 고객에게 최소한 제공되어도 큰 만족을 제공하는 요인으로 경영자들은 경쟁사보다 훌륭한 내용의 속성을 모방이 아닌 혁신을 통해 지속적으로 개발하여야 한다고 하였으며 불만족 요인이란 최소한의 기준에 미치지 못한 경우 발생하는 불평요인으로 충족되어도 보다 더 큰 만족은 제공되지 않는다고 하였다. 문제요인은 불평과 칭찬이 모두 많은 요인으로 서비스 품질의 예를 들면서 성과를 향상시키기 위해서 지속적인 교육과 투자가 필요하다고 하였다. 중립적인 요인은 고객들에게 크게 중요하지 않은 요인으로 최소한의 기본을 유지하여야 한다고 하였다. 따라서 그의 연구는 만족과 불만족의 순위를 도출하여 레스토랑 마케터들에게 고객만족을 위한 레스토랑 속성의 우선순위를 제공하였다는 점에서 의의가 있다고 할 수 있다.

Lundberg(1989)는 호텔과 레스토랑 비즈니스에 대한 거시적 고찰을 하면서 레스토랑에서 고객들이 필요로 하는 분야를 서비스, 가격, 메뉴로 나누고 가격들이 요구하는 사항과 그것들이 관련된 레스토랑을 제시하고 있다.

Jones(1990)는 웬디스에서의 세련된 주문 시스템(Order Taking System)과 고급 레스토랑에서의 휘시포크에 이르기까지 고객의 괴롭고 예상하지 못했던 식사경험들이 필수 불가결적으로 처음 방문한 고객들을 괴롭히고 심지어는 단골고객마저도 잃게 되는 위험에 처하게 한다고 한다. 이러한 문제를 야기시키는 이유가 어디에서 발생하고 자신들의 고객들로부터 그런 불안한 요소들을 제거시키는 방법은 물론이며 새로운 시장까지 확장시킬 수 있는 대안을 제시하고 있다.

〈표 2-5〉 식음서비스 속성의 불만족, 만족 속성 비교

문항	속 성	불만족 순위	만족순위
1	주차가능 정도	1	19
2	레스토랑 주변의 교통 혼잡도	2	26
3	소음 정도	5	24
4	레스토랑 주변의 공간면적	8	18
5	영업시간	9	20
6	레스토랑의 청결성	14	4
7	레스토랑의 적정성	11	5
8	레스토랑의 크기	12	6
9	직원의 외모	17	7
10	불평의 반응 정도	20	9
11	서비스 품질	3	1
12	음식의 질	7	2
13	직원의 돕는 태도	6	3
14	서비스의 양	10	8
15	음료, 식사 그리고 서비스 요금	4	10
16	관리자의 서비스 지식	23	11
17	메뉴상 음식가능 정도	16	12
18	음식의 질	24	13
19	서비스의 다양성	21	14
20	레스토랑 외형의 통일성	26	15
21	광고의 질	25	16
22	편리한 위치	15	17
23	주변의 정숙도	18	21
24	영수증의 정확성	19	22
25	레스토랑 외부의 혼잡성	22	23
26	예약 시스템	13	25

자료: Ernest R. Cadott and Norman Turgeon(1988), Key Factors in Guest Satisfaction, The Cornell H.R.A Quarterly, Vol.28. No.4. pp.46.

Khan(1991)은 미국 내의 외식산업의 개념, 외식산업에 있어서의 고객의 필요와 욕구에 대해서 서술하고 레스토랑 경영에 있어서의 전반적인 흐름을 기술하고 있다. 레스토랑의 선택속성을 음식의 평가, 서비스, 메뉴, 장소와 분위기 등의 네 가지 속성들로 설명하였다.

Doi(1992)는 프랜차이즈 레스토랑을 대상으로 음식의 양, 음료의 제공 및 미제공, 제한된 서비스, 완벽한 서비스, 간단한 메뉴, 특별 메뉴, 혼잡도, 가격수준 등의 선택속성을 제시하였고 1969년 이래로 일본 외식시장의 성장과정과 일본에 진출한 외국 외식업체의 변천과 현황, 외식산업에 있어서 외국자본의 유입, 고객들의 선호속성 등에 대해 논하고 있다.

Morgan(1993)은 음식의 질은 단기적 안목에서 운영해서는 안 된다고 주장하였고 또한 중급체인 식당의 혜택에 따른 시장세분화 연구에서 첫째 음식·서비스의 질, 둘째 가격의 가치 셋째 시간·편리성의 속성을 제시하였다. 즉 음식의 질은 주로 모든 형태의 식당영업에 중요한 것으로 나타났고 가격가치와 시간 편리성은 프랜차이즈 레스토랑과 긍정적인 관계가 있는 것으로 나타났고 재미있는 분위기 연출과 친절하고 경험이 풍부한 종사원이 중요한 레스토랑의 선택요인으로 작용한다고 강조하였다.

Dube, Renaghan & Miller(1994)의 연구는 품질의 차원을 유형적인 요소(물리적인 상품과 시설, 기구, 종사원의 외모), 신뢰성(정확하고 확실하게 서비스를 수행할 수 있는 능력), 배려성(이용고객을 돕고 곧바로 서비스를 하려는 열성), 보장성(믿음과 확실을 줄수 있는 능력과 종사원의 예절 및 지식), 감정이입(각각의 이용고객에게 제공하려는 배려) 등으로 나누었다.

Lee & Hing(1995)은 레스토랑을 이용하는 고객들이 레스토랑의 질을 평가하고 어떻게 최상급의 고급 레스토랑이 품질을 개선시킬 수 있는지, 기준에 대하여 품질을 비교, 측정하는 데 있어 SERVQUAL의 적용과 유용성을 평가하고 있다. 고객의 기대를 만족시키기 위한 경영자들의 마케팅 노력을 재조명하고 서비스의 약점들을 개선할 수 있도록 각 레스토랑의 강점과 약점을 파악하는 데 있어 어떻게 하면 쉽게 그 도구를 이용할 수 있는지 논증하고 있다.

Bojanoc & Shea(1997)는 NRA의 표준설문에 기초한 조사를 통하여 체인유형의 다점포 레스토랑을 선택하는 속성으로서 서비스의 시간, 서비스 질, 청결, 음식의 질, 메뉴의 다양성, 종사원의 친절성, 주위의 환경, 편리한 위치, 가격에 맞는 가치를 제시하였다.

Kivela, Inbakaran & Reece(2000)은 처음 및 마지막 인상(식사 프라이버시, 식당온도, 식당외관, 식당이 새로운 식사경험을 제공한다. 식당이 일관된 수준의 음식을 제공한다. 식당이 일관된 수준의 서비스를 제공한다.), 서비스 우수성(친절·공손·도움을 주는 직원, 정중한 직원, 직원이 고객에게 인사를 잘한다. 직원의 서비스가 좋다.), 분위기의 우수성(편안한 수준, 식당소음 수준, 식당전망), 음식 우수성 및 거기서 식사하기에 편안한 느낌(메뉴의 다양성, 영양가 있는 음식, 음식의 맛, 음식의 질, 식사하기에 편하다.), 예약 및 주차(전화예약처리, 주차)의 다섯 개 요인을 제시하였다. 위의 내용들을 요약하면 〈표 2-6〉과 같다.

〈표 2-6〉 레스토랑 선택속성 국외 선행연구요약

연구자 / 속성	음식	서비스	메뉴	장소/분위기	가격	위생/청결
NRA (1993)	질, 맛, 색상, 신선도	품질, 의사소통, 종사원 태도, 서비스(신속)	일관성, 다양성, 정확한 조리 상태	실내장식, 온도, 안락함, 분위기		청결상태 위생상태
Schroeder (1985)	질, 양, 영양	품질	다양성	건물외관가격		청결, 위생
Hart & Casserl (1985)	질, 맛, 냄새, 색상, 온도, 연함, 세팅, 신선함, 깨끗함	품질, 서비스 방식, 의사소통, 태도, 표현, 분위기, 신체외양		건물외양, 온도, 습도, 건물내부, 인테리어, 음악		
Cadotte & Turgeon (1985)	질, 양	품질, 의사소통태도, 용모유니폼, (신속)서비스	다양성, 견본 및 디스플레이, 독특한 디저트	주차편리, 분위기, 흡연석유무, 편리한 위치, 조용하고 안락함, 분위기	가격	청결상태
Swinyar & Struman (1986)	(일관)질 양과 내용	친절, 신속	다양성	가족수용, 분위기, 시설, 편리한 위치, 분위기, 새로운 사람 만남장소, 적절성, 매력적인 종사원	저렴한 가격	
June & Smith (1987)	질	세심한 서비스 다양한 주류		사생활중시 공간	가격	
Filliatrault & Ritchie (1988)	질	품질	메뉴종류	분위기	가격	

연구자 \ 속성	음식	서비스	메뉴	장소/분위기	가격	위생/청결
Lundberg (1989)		서비스 수준	다양성			
Rome (1989)	맛	신속 서비스 친절하고, 매력적 서비스	최신메뉴 구비 정도	아이들에게 적합한 분위기, 아이들을 위한 서비스 정도	식사 음료 기타 서비스 가격	청결성, 산뜻하고 깨끗한 정도
Jones & Jones (1990)	음식유형 및 내용(단순, 대중, 고급)	서비스 유형(단순, 임기응변, 격식, 완벽한 서비스)	메뉴크기 및 다양성, 메뉴선택 폭	고급스럽고 격식 있는 분위기	가격	
Morgan (1993)	맛, 품질, 색상, 신선도	신속성, 태도, 경험, 의사소통,	다양성,어린 이메뉴,메뉴 일관성,정확 한,조리상태	조용하고 안락함, 분위기, 편리한 위치	가격	청결
Dube, Miller Renaghan (1994)		이용객도움 외모, 배려, 정확성, 예절, 지식		상품, 시설 기구		
Bojanic, Linda & Shea(1997)		서비스시간, 품질, 친절성	메뉴다양성	주위환경, 편리한 위치	가격	청결
Kivela, J. & Inbakaran, R & Reech, J. (2000)	일정수준(음 식), 영양가, 맛, 질	식사프라이 버시, 일관된 서비스, 새로운 식사경험, 친절, 공손, 정중함, 인사, 전화예약, 도움 주는 직원	메뉴 다양성	식사편리성 주차편리성	온도, 외관, 편안한 수준, 식당 소음, 전망	

레스토랑 선택속성에 대한 국내학자들의 선행연구들을 살펴보면 다음과 같다.

손일락(1992)은 호텔 F&B의 이용 상황 선행연구 등을 통해 음식의 질, 서비스의 질, 청결·위생상태, 위치, 교통의 편리성, 주차의 편리성, 분위기, 건물외양, 실내장식, 가격, 평판·이미지의 11개 속성을 제시하였다.

이익수·정태웅(1995)은 패밀리레스토랑의 선택속성을 내부시설과 상품성, 인적 서비스, 부대시설, 상품력의 인지도, 제반시설, 기타 시설과 서비스 등으로 분류하였다.

손일락·박희석(1996)은 패밀리레스토랑의 선택요인을 접근요인, 서비스 종료시점요인, 장식 및 분위기 요인, 음식요인, 인적 서비스 요인 등으로 분류하였다.

김진탁(1997)은 고객이 음식점 선택 시 관심사항은 남녀를 구별하여 음식의 맛, 주차시설, 업소의 분위기, 위생·청결, 종사원의 서비스, 점포의 위치, 가격, 주위의 평판, 영양가치, 다양한 메뉴 등의 10개의 관심사항을 순위별로 분류하였다.

고호석(1997)은 서울시내 6개 패밀리레스토랑을 대상으로 연구한 결과 가격, 음식의 질 및 메뉴의 다양성과 시설, 건물, 종사원으로부터 느끼는 분위기, 주차 등의 순으로 총만족에 영향을 받는다는 것을 알 수 있었다.

김홍범·허창(1998)은 패스트푸드 레스토랑과 패밀리레스토랑을 대상으로 맛과 영양, 야외시설과 안락, 신속한 서비스, 친절하고 세심한 서비스, 메뉴선택의 다양성 및 볼거리 제공, 특수고객을 위한 메뉴와 흡연석 구분, 외양, 이미지 및 분위기, 어린이를 위한 시설, 접근의 편리성 및 주차시설, 가격, 위생과 청결 등의 선택속성을 제시하였다.

유영진(1999)은 패밀리레스토랑을 요인분석한 결과 9가지 요인으로 나누었고 패밀리레스토랑 선택의사 결정 여부와 레스토랑 선택속성의 차이에서 청결과 서비스, 건물의 외형과 실내장식 등에서 유의적인 차이를 보였다.

김화경(1999)은 고객이 호텔의 연회상품을 선택 시 고려해야 되는 선택행동에 중요도와 만족도 분석으로 그 결과는 고객은 선택 시 음식의 맛, 서비스, 종사원의 전문성, 메뉴의 다양성, 접근성, 이미지, 청결요인이 중요한 변수임을 확인하였다.

박중환 · 이정실(2000)은 신속한 서비스, 문제에 대한 관심, 도우려는 자세, 약속시간 서비스, 충분한 지식, 시설외양, 편리한 위치, 다양한 서비스, 친절과 예의바름, 실내분위기, 청결, 음식의 질, 가격, 외관, 잔반적인 만족 등을 측정항목으로 사용하였다.

백용창(2000)은 종사원의 접객태도, 화장실의 청결성, 음식의 맛, 종사원의 외모 및 단정성, 실내분위기, 메뉴 선택의 다양성, 주위환경, 건물의 외양, 레스토랑 체인규모, 레스토랑의 평판 및 이미지, 고객의 수용능력, 주차시설, 어린이 메뉴 · 놀이시설 구비, 흡연석과 비흡연석의 분리, 재미있는 볼거리 제공, 다양한 디저트 제공, 가격, 접근성의 용이성 및 편리성 등을 속성으로 제시하였다.

오영찬(2000)은 식당의 청결, 화장실의 청결, 음식기물의 청결, 종사원의 단정함, 충분한 주차 공간, 주차요원의 주차 서비스, 음식의 맛, 가격과 가치의 관계, 허용 신용카드의 수, 메뉴 가격의 다양성, 적절한 할인제도의 운영, 음식의 적절한 온도 음료의 적절한 온도, 재료의 신선도, 주문에 맞는 조리법, 음식 기물이 품질, 주 요리와 함께 제공되는 가니쉬의 선택 정도, 음식의 장식, 좌석의 안락함, 쾌적한 온도 유지, 넉넉한 좌석 배치, 호감 가는 실내장식, 조용한 실내 분위

기, 실내 분위기에 적합한 음악제공, 용이한 접근성, 적절한 실내조
명, 종사원의 신속한 응대성, 종사원의 상냥함, 단골고객에 대한 배
려, 종사원의 전문성, 주문사항에 대한 종사원의 명찰패용, 메뉴 선택
의 다양성, 음료의 다양성, 메뉴 교체시기의 적절성, 어린이용 메뉴의
확보 등을 속성으로 제시하였다.

민계홍(2001)은 고객은 효용을 극대화하기 위해 합리적인 의사
결정을 한다. 고객의 만족추구는 고객행동의 목표이며 사회적 가치
관의 변화로 고객의 서비스에 대한 기대는 높아진다는 것이다. 따
라서 레스토랑을 선택할 때 고객의 가치, 서비스를 중요한 변수로
제시하였다.

김영찬(2002)은 서양식 프랜차이즈 레스토랑 선택속성을 통한
포지셔닝 연구에서 고객의 선택요인으로 서비스, 분위기, 음식, 편
안함, 예약의 편리성, 주차시설, 청결, 종사원의 전문성 등을 선택속
성 요인으로 제시하였다.

양위주·박희정(2002)은 5개 동기요인과 10개의 선택속성으로
구분하여 연구를 하였는데 화합축하 및 여흥, 광고 및 평판, 본인
및 동행자 선호, 다양한 식생활 등의 외식동기와 청결성 및 신속성,
이용 편의성 및 촉진, 음식의 질, 주차 서비스 등의 선택속성 요인
이 유의한 관계가 있음을 제시하였다.

본 연구에서는 맛, 질, 양, 다양성, 실내온도, 금연석 유무, 업장
외관, 배경음악, 고객수용력, 대기시설, 종사원의 접객태도, 대기시
간, 친절성, 종사원 실수대처, 음식의 가격, 할인제도의 적용, 할인
정책 공지, 부가서비스, 음식기물, 화장실, 종사원 위생·청결을 변
수로 선정하였다.

위의 내용을 정리하면 〈표 2-7〉과 같다.

<표 2-7> 레스토랑 선택속성 국내 선행연구요약

연구자 \ 속성	음식	서비스	메뉴	장소/분위기	가격 및 이벤트	위생/청결
김진탁 (1997)	맛	서비스	다양성,	주차시설, 분위기, 위치, 평판	가격	청결상태 위생상태
유영진 (1999)	질, 맛, 양, 영양, 색상, 냄새 신선도	품질, 신속, 의사소통, 태도, 용모, 유니폼, 종사원경험	일관성, 다양한 메뉴선택, 정확한 조리상태, 이해하기 쉬운메뉴, 어린이메뉴, 건물외양	로고, 실내장식, 온도, 음악, 편리한 위치, 주차편리, 분위기, 체인규모	가격, 어린이 할인가격	청결, 위생
백용창 (2000)		이벤트	메뉴	주차환경 및 이미지, 시설, 접근성	가격	청결
이애주 · 황보선경 (2002)	질, 맛	매너, 용모 주차 및 접근성, 예약의 편리성, 다양한 서비스 신속성, 주차수용능력	다양한 메뉴선택,	주위경관, 건물외관, 실내분위기	가격	청결, 위생
정광현 (2002) (2003a)	질, 양, 맛, 영양	이벤트, 품질, 신속한 서비스	다양한 메뉴, 어린이메뉴	편리한 위치, 주차편리, 분위기, 이미지(평판), 주위환경,	가격	청결, 위생
본인 (서진우, 2007)	맛, 질, 양, 다양성	친절성, 대기시간, 종사원실수대 처, 종사원 접객태도		고객수용 능력, 실내온도 · 통풍 · 습도, 금연석 유무, 외관, 대기시설, 배경음악	부가서비 스, 가격, 할인제도, 할인정책	음식기물 청결, 위생, 화장실 청결, 종사원청결

2. 패밀리레스토랑 고객구매행동 모형

1) 고객구매행동의 개요

고객은 어떤 상품을 사려는 욕구가 발생하면 이를 해결하기 위해 여러 가지 대안들을 탐색하게 된다. 점포선택은 이러한 고객의 욕구를 충족시켜 주기 위하여 이루어지는 과정이라고 할 수 있다. 고객의 선택행위에 관한 연구는 상표선택 행동에 집중되어 왔으나 고객의 최종 상표선택이 점포 내에서 이루어지는 경우가 빈번하기 때문에 고객의 점포 선택행위는 업장에 중요한 정보를 제공한다. (이학식, 2003)

구매행동 의도는 구매 후 평가로 정의될 수 있으며 구매 후 평가란 소비자 의사결정과정의 한 단계로서 일반적으로 "구매된 제품 또는 서비스의 소비 후 만족 또는 불만족의 평가과정"으로 정의될 수 있다.(최주호, 2002)

고객은 어떤 문제를 해결하기 위하여 여러 가지 대안에 대하여 평가하거나 선택상황에 직면하게 된다. 고객은 자신의 채워지지 않은 욕구를 충족시키기 위해 제품을 구매한다. 제품구매를 결정하고 나면 고객은 구체적인 의사결정을 한다.(채서일, 2002)

점포선택과정에는 1. 평가기준 2. 지각된 점포의 특성 3. 비교과정 4. 마음에 드는 점포와 그렇지 못한 점포의 네 가지 변수가 존재한다. 즉 점포선택과정은 점포의 입지, 가격, 서비스 등에 소비자 자신의 평가기준과 지각된 점포 이미지의 특성을 비교하여 일치하는 정도가 높을수록 그 점포를 선택하게 된다는 것이다. 그러나 늘 그런 것은 아니고 과거의 경험이 만족스럽고 조건이 동일하다면 소비자들이 그 점포에 대해 과정전체의 반복 없이 다시 찾게 되는 습관적인 반복을 하게 된다.(Engel, Blackwell & Miniard, 1990; James, 1986; Becker, 1996; Jay, 2004)

고객은 효용을 극대화하는 방향으로 합리적으로 의사결정을 하며 이 과정에서 소비자는 정보를 구하고자 노력하며 획득된 정보는 일련의 과정을 거쳐 인식하게 된다.(조문수, 1995)

점포명은 점포 이미지에 대한 풍부한 단서가 되고 구매의도에 유의한 영향력을 행사한다.(Grewal, Krishnan, Baker & Borin, 1998) 고객 서비스 프로모션은 재구매를 촉진시키기 위한 판매촉진 활동(Zeithaml & Bitner, 1996)이라고 했다. 소비자 선택행동은 소비자들이 자기 욕구를 충족시키기 위해 제품, 서비스, 아이디어 등을 선택하여 구매, 사용, 평가 및 처분하는 데 나타나는 행동이라고 정의하였다. 의사결정 과정을 통하여 상품과 서비스를 획득, 소비 및 처리하는 데 직접적으로 관련된 행위라고 정의하였다.(James & Engel, 1986)

레스토랑 선택에 관한 의사결정은 고객의 욕구와 필요에서 출발하여 선택까지의 총체적인 순환과정을 의미하며 고객의 일정한 예산으로 식당의 이용 여부, 식당의 종류, 이용 시기, 메뉴 등을 의사결정하게 되어 주문, 소비 및 평가를 하게 된다. 이러한 소비자의 선택행동은 고객이 구매하려는 메뉴나 서비스에 대한 개인적 정도에 따라 차이가 있을 수 있다.(정진우 · 전경철, 2004)

2) 고객구매행동의 모형

고객행동 모델에는 크게 전통적인 모델과 현대적인 모델로 구분할 수 있는데 전통적인 모델은 블랙박스 모델, 마쉘(Marshell) 모델, 파블로브(Pavlov) 모델, 프로이드 정신분석 모델, 코틀러의 행위 선택 모델 등이 있다.

블랙박스 모형이라고 하는 고객행동에 대한 전통적인 접근방식은 고객의 내적 정보인지 과정이 아니라 외부자극에 대한 고객행동에 초점이 맞추어져 있어 고객인지 과정을 도외시하였다는 점이 한계로 지적된다. 그러나 일반적으로 고객행동에 관한 연구에서는 인간의 행위를 일련의 과정으로 파악하게 되는데 이는 고객의 의사결정 과정은 고객의 내면에서 심리과정인 블랙박스 정체를 규명하고자 하는 차원에서 다음 5단계의 문제해결 과정으로 이해할 수 있다.

〈그림 2-4〉 고객의사결정과정

문제인식	· 사야 하는가? · 언제 살 것인가? · 무엇을 살 것인가?
정보탐색	· 어디서 정보를 얻을 것인가? · 어떤 정보를 찾을 것인가?
대안평가	· 어떻게 비교 평가해야 하는가? · 어떤 기준으로 평가할 것인가?
구 매	· 어디서 구매할 것인가? · 점포방문동기 · 점포 이미지 · 점포선택
구매 후 행동	· 재구매할 것인가? · 불평·불만을 제기할 것인가? · 구매중단을 할 것인가?

자료: Kotler(1990). op. cit. p194.

고객은 〈그림 2-4〉와 같은 행동과정을 통하여 패밀리레스토랑 브랜드에 대해 구매선택을 하게 되는데 선택에 있어서 정보를 처리하는 방법으로 보완적 방법(compensatory method)과 비보완적 방법(non compensatory method)이 있다. 보완적 방법에서 고객은 모든 이익기준에 브랜드를 교차하여 선택하고 비보완적인 방법에서 고객은 하나의 이익 기준을 찾아내서 브랜드에 계산하여 선택한다.(Assel, 1998)

소비행동에 미치는 영향요인은 〈그림 2-5〉와 같이 크게 사회·문화적 요인인 외적 환경적 요인과 지각, 학습, 동기, 개성, 자아, 태도 등의 내적 심리적 요인으로 구분된다.

외식에 대한 고객구매행동은 이들 중에서 특히 개인적, 심리적인 영향을 더 많이 받기에 본 연구에서는 개인적, 심리적 요인에 초점을 두고 전개하고자 한다.

<그림 2-5> 구매영향요인의 모델

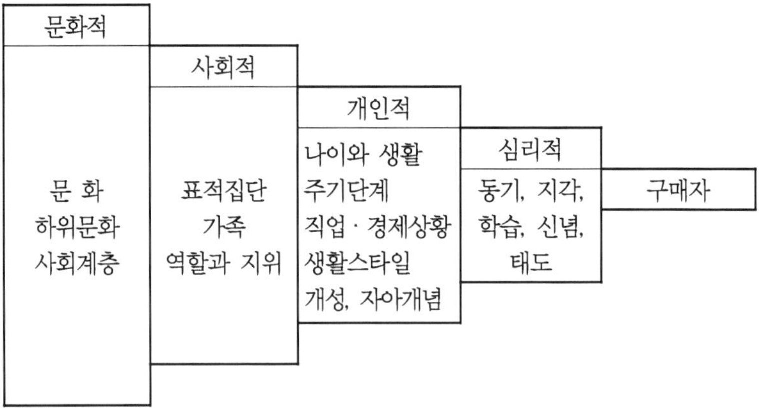

문화적				
	사회적			
		개인적		
			심리적	
문 화 하위문화 사회계층	표적집단 가족 역할과 지위	나이와 생활 주기단계 직업·경제상황 생활스타일 개성, 자아개념	동기, 지각, 학습, 신념, 태도	구매자

자료: Kotler, Marketing Management, 8th ed, 1994, p.174.

점포선택 과정에 대해 Engle, Blackwell & Miniard(1995)는 소비자들은 뚜렷한 하나의 개념화된 과정을 통하여 점포를 선택한다고 제시하였으며,(Engle, Blackwell & Miniard, 1995) 〈그림 2-6〉과 같이 ① 평가기준(evaluative criteria), ② 지각된 점포의 특성(perceived characterstics of store), ③ 비교과정(comparison process), ④ 마음에 드는 점포와 그렇지 않은 점포(acceptable and unacceptable)의 네 가지 변수들로 구성하였다. 이의 평가기준과 지각된 점포 이미지의 특성을 비교하여 지각된 점포특성과 평가기준이 그 일치한 정도가 높을수록 점포선택에 긍정적이고 불일치할수록 부정적인 선택을 하게 된다. 결국 대부분의 연구가 점포선택의 복합적인 요소(품질, 입지, 가격, 마케팅 활동, 판매원과 대인관계, 서비스 등)들을 모두 고려한 상태에서 가장 최적의 상태를 선택하나 가장 일반적인 것은 고객이 추구하는 심리적 특성에 의한 서비스 혜택에 가장 큰 영향을 받아 외식업체 및 점포를 선택하는 것으로 나타났다.(Engel et al., 1995) 그러나 모든 소비자들이 이런 점포 선택과정을 거치는 것은 아니다. 즉 어떤 점포에 관한 소비자의 과거 경험이 만족스럽다면 소비자는 재평가 없이 그 점포를 예고하게 되어 점포선택과정의 전체적인 과정의 반복 없이 다시 그 점포를 찾게 되는 관습적이거나 제한적인 의사결정을 하게 된다.

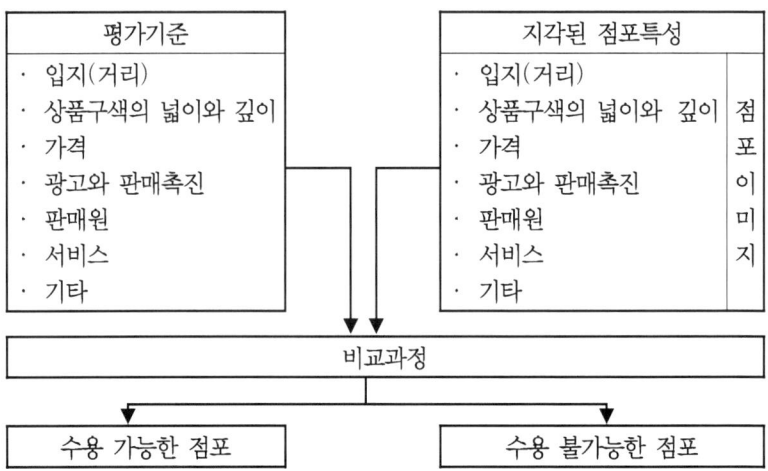

〈그림 2-6〉 고객의 점포선택과정

자료: James F. Engel Rodger D. Blackwell & Paul W. Miniard (1995),
Consumer Behavior, 8th ed. Orland, FL: The Dryden Press. pp.846.

고객들의 외식업체 선택에 대한 기존 선행연구들을 살펴보면 Kotler(1984)는 일반적인 고객들은 가격, 품질, 구매 가능성, 서비스, 스타일, 이미지 등을 선택요소로 보았으며 Kent & Guiltinan(1975) 은 고객이 행동의 능동성을 위한 평가기준에 부합하는 점포의 특성을 일치시켜 결정한다고 보고 경로분석을 이용하여 선택결정 영향요인을 제시하였다.

또한 Engle 등(1995)은 평가기준, 지각된 점포의 특성, 비교과정, 수용 가능한 점포와 수용 불가능한 점포 등의 4가지 변수로 구성되는 과정을 통해 선택한다고 하였다. 즉 고객이 추구하는 외식업체 점포선택은 학자마다 약간의 차이는 있으나 궁극적으로 고객을 유형화하고 고객의 특성을 설명하는 기준이 되며 고객의 행동을 설명하는 데 유용하게 사용하고 있다. 이러한 연유로 최근 경쟁이 심화된 외식업계에서 마케팅 전략과 시장세분화를 연구하는 데 있어서 필수적인 정보수집과정으로 여겨지고 있다. 고객은 다양한 외식업체 유형의 서비스 속성에 대한 정보를 종합화하고 선택평가기준에 의해 특정 외식업체를 선택하게 된다.

〈그림 2-7〉 Spiggle & Murphy의 레스토랑 선택 모델

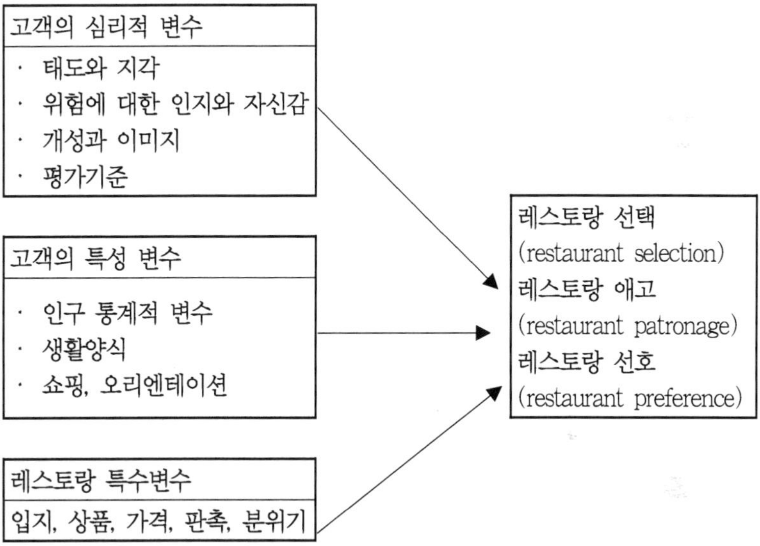

자료: Spiggle & Murphy(1987), A Cooice sets Model of Retail Selection, Journal of Marketing, Apr; 98.

Spiggle & Murphy(1987)는 〈그림 2-7〉에서 기존의 모델을 일반화하는 작업을 시도하였는데 그들은 다음과 같이 일반화를 통하여 지각, 이미지, 태도, 평가기준에 고객 심리적인 변수가 직접적으로 점포의 선택에 영향을 미치며, 고객의 상활 스타일, 쇼핑, 오리엔테이션, 인구 통계적 변수 등으로도 선택에 영향을 미치고 또한 거리, 제품의 구색 등 점포의 특성 변수 역시 영향을 미치는 것으

로 나타났다. 레스토랑에 대한 태도와 선택행동은 소매점을 구성하는 요인에 대한 중요도와 특정 소매점의 요인에 대한 고객 지각의 두 가지 측면에 의해 결정된다고 했다.

따라서 본 연구에서는 고객의 점포행동에서는 평가와 지각된 점포특성을 바탕으로 기대불일치 이론을 적용하여 중요도와 만족도의 불일치가 전반적인 만족도, 재방문 의사, 추천의사 등의 구매행동에 어떤 영향을 미치는가를 규명하고자 한다.

제3절 시장세분화

1. 시장세분화의 개요

시장세분화란 용어는 1956년 Wendell Smith가 처음 사용하였고 그에 의하면 시장세분화란 사용자나 소비자의 욕구에 대하여 제품과 마케팅 노력을 합리적이며 보다 정교하게 맞추는 것이고, 특히 제품에 대한 소비자 집단들이 상이한 선호도에 대응하여 하나의 이질적인 시장을 다수의 소규모 동질적 시장으로 보는 것이다. 그것은 소비자들이 자신의 다양한 욕구를 보다 정확하게 충족시키고자 하는 열망에서 비롯된다. 시장세분화는 광고 및 촉진수단의 개발에 이용될 경우가 흔히 있다. 그것은 머천다이징이라고 할 수 있다.(Smith, 1978)

시장세분화는 대상이 고객이든 그렇지 않든 간에 고유한 목적에 의해 동질의 그룹을 탐지하고 평가하며 선택하는 일련의 활동으로 정의된다.(Wind, 1978) 그러나 Wind(1978)는 시장세분화에 대한 연구가 동질성의 그룹을 평가하거나 선택하는 연구보다는 탐지하는 연구가 주를 이루어 왔다고 지적하는 한편 구체적으로 제품 혹은 서비스의 판매 가능성에 대한 평가, 시장의 매력 그리고 각 세분시장의 안정성에 대한 연구가 대부분이라고 시장세분화에 대한 연구자들의 노력은 각각의 세분시장을 다양한 방법으로 평가하는 데 목적을 두고 있다.(Christein, 1987)

시장세분화의 시작은 시장세분화의 기준을 정하는 것인데 Dickson (1982)은 크게 세분시장의 기준을 크게 일반적 인구 통계학적 특성을 기반으로 한 소비자 특성과 제품의 소비현태를 기반으로 한 소비자 특성으로 구분하였다. 인구 통계적 특성에 따른 시장세분화는 Bonn(1981)에 의해 체계화되었는데 연령, 성별, 결혼 여부, 가족의 크기, 직업, 소득수준, 학력, 인종, 사회적 계층과 같은 변수들로 시장을 세분화하는 방법이다. Wells(1975)는 잠재 목표시장을 규명하기 위하여 고객의 라이프스타일에 따라 집단으로 분류하거나 고객 개인의 특성, 성격을 분석하여 시장을 세분화하는 방법 그리고 특정 제품을 대상으로 표적시장의 특성을 규명하기 위한 제품과 연관된 집단을 분류하는 방법이 시장세분화 방법에 활용된다고 하였다.

시장세분화란 사용자나 소비자의 욕구에 제품과 마케팅 노력을 합리적이며 정교하게 맞추는 것이다. 시장세분화는 상품에 대한 소비자 집단의 상이한 선호도에 대응하여 이질적인 시장을 다수의 동질적인 소규모 시장으로 나누는 것이다. 소비자의 다양한 욕구를 보다 정확하게 충족시키고자 하는 열망에서 비롯된다.(Morden, 1985)

시장세분화는 마케팅 전략에서 중요한 부분을 차지한다. 이러한 시장세분화에 대한 정의는 대부분의 마케팅 학자들 간에 이견 없이 일치되고 있는데 관광시장 세분화란 "관광소비자, 제품, 서비스 혹은 관광시장을 그들의 특성에 의하여 여러 집단으로 분류하는 것"이라고 말하였다.(Bagozzi, 1986)

Kotler(1984)는 시장세분화란 시장의 고객을 동질적인 하위그룹으로 세분화하는 것으로 하위그룹은 마케팅 믹스에 적합한 표적시장으로 선정하기 위한 것이라고 하고 있다. 전체시장을 여러 개의 동질적인 고객집단으로 세분화하는 행위를 강조하고 있다. 하나의 시장을 별개의 관광 소비자 군으로 세분화하는 것이며 그중 어떤 세분시장이 별개의 마케팅 믹스에 의하여 도달되는 표적시장으로 선정될 수 있다고 하였다.

송용섭·김형순(2004)은 시장세분화를 어떤 시장을 별개의 제품이나 마케팅 믹스를 필요로 하는 각기 다른 욕구, 특징 혹은 행동을 지닌 독특한 소비자 집단으로 분할하는 과정이라고 하였다.

원래 시장세분화란 유형화(typologies)에 비유되기도 한다.(Witt & Moutinho, 1989) 즉 시장세분화는 전체를 복수의 집단으로 나가는 하향적 과정(descendant process)이고 유형화란 상향적 과정이다. 후자의 경우 개개인을 점점 더 큰 집단으로 묶어 나가면서 가능한 한 집단 내의 동질성을 최대화하거나 이질성을 최소화하고 집단 간의 동질성은 최소화하거나 이질성은 최대화하게 된다. 현실적으로 세분화와 유형화 간의 구분이란 방법론상의 문제일 뿐이다. 따라서 시장세분화가 분화(disggregation)의 과정이나 통합(aggregation)의 과정이냐는 근본적으로 문제가 되지 않으나 시장세분화 이론을 전통적으로 통합의 과정으로 설명되고 있음을 잊어서는 안 된다.(Frank, Massy & Wind, 1980)

시장세분화는 첫째 이질적 시장을 동질적 세분지상으로 나누고 둘째 세분 시장 간에 마케팅 자원을 효율적으로 배분함에 중요한

의미가 있다.(Tollefson, 1978) 다양한 변수를 이용한 연구들은 시
장세분화로 사용된 기준은 크게 인구·사회적 특성, 심리적 특성,
행동적 특성 기준을 혼합한 연구가 있고,(Formica & Uysal, 1998;
Goldsmith & Litvin, 1999; Field, 1999; Hsu & Lee, 2002) 인구
통계적 특성과 행동적 특성 변수를 이용한 연구로는 욕구에 관한
이태희(2002), 태도,(김영태, 2001) 동기(Mansfeld, 1992)에 관한
연구들이 있다. 최근에는 관광시장에 대해 감성이 충성도를 지속시
키고 추가적인 지불의사를 갖게 하는 데 결정적인 요인이라고 보
았다.(Bigne & Andreu, 2003) 정보탐색경로(Cai, Feng, & Breiter,
2004) 인터넷 활성화에 따른 정보탐색경로와 같은 새로운 변수가
추가되고 있다.

2. 외식산업에서의 시장세분화에 대한 선행연구

제조업과 관련된 상품 마케팅 측면에서의 시장세분화 연구는 활
발하게 연구되어 왔으며 외식산업 분야에서의 시장세분화 연구도
많이 나오고 있는 실정이다. 미국 외식산업에서의 시장세분화도 주
로 지리적, 인구 통계적, 심리 묘사적 변수를 사용한 연구가 대부분
이다.

Swinyard & Struman(1986)은 레스토랑에서 성공적인 마케팅의
첫 번째 조건은 어떤 고객층을 상대로 영업을 하고 있는지, 자신의
시장을 파악하는 것을 강조하였다. 레스토랑 선호속성, 라이프스타
일, 이용률, 인구 통계 등을 변수로 하여 패밀리 다이너(family
Diners), 로맨틱, 엔터테인먼트 등 세 부류로 세분화하였다. 아울러
시장세분화는 이러한 마케팅노력을 더욱 정교하게 하고, 향상된 마

케팅 기회를 제공하며, 판매촉진 예산을 알맞게 배분할 수 있는 방법을 제시한다고 지적하였다.

Becker(1994)는 테이블 서비스 레스토랑 시장에서 장년층 집단과 젊은 층 집단이 추구하는 편익에 대한 비교를 컨조인트 분석을 통하여 연구하였다. 두 집단 모두 음식의 영양에 관해서 동일하게 선호하였지만, 메뉴의 다양성과 음식 양에 대해서는 차이가 있는 것으로 나타났다.

Bojanic & Warnick(1995)은 주거지, 패밀리 라이프 사이클 단계에 따른 고객의 특성들을 기초로 고객의 행동과 선호도 차이를 정의하였다.

Bojanic & Shea(1997)는 시카고 도심과 교외 두 곳에 위치한 체인 레스토랑 경영에 관한 세분화 연구에서 두 곳 고객의 인구 통계적 특성과 레스토랑 선택 시 중요한 요인들을 연구하였다. 연구결과 두 곳의 레스토랑을 이용하고 있는 고객들은 레스토랑 위치에 관계없이 레스토랑을 선택할 때 가격의 가치에 높은 비중을 갖고 있으므로 가격전략에 집중할 것을 제시하였다.

Grazin & Olsen(1997)은 소비자들의 건강과 영양에 대한 태도와 행동에 관하여 인구 통계적 변수와 행동적 변수를 사용하여 세분화 연구를 하였다. 패스트푸드 레스토랑을 자주 방문하지 않은 사람들은 건강과 관련된 문제에 높게 몰입하였으며 이에 반해 단골고객들은 낮게 몰입한 것으로 나타났다. 마케팅 담당자들은 인구 통계적 특성을 충분히 고려한 마케팅 전략을 세울 것을 제시하였다.

오영찬(2001)은 기존의 연구에서 수행된 국내연구들은 기술적인 자료를 이용한 레스토랑 이용고객들의 선호도와 이용행태에 대한 연구들로서 선택속성, 만족도 및 이러한 속성에 영향을 주는 변수

를 도출하여 고객의 특성을 파악하는 데 유용한 정보를 제공하기
는 하나 이를 통하여 우리나라 외식시장의 설정에 맞도록 시장을
세분화시키는 단계까지는 접근하지 못한 것을 지적하면서 호텔과
패밀리레스토랑을 중심으로 레스토랑 고객들의 이용행태에 관한
분석을 토대로 실질적인 선호도 및 중요도 속성을 파악하고, 정준
상관 분석을 이용하여 레스토랑 고객시장을 세분화함으로써 각각
의 세분 시장별로 차별화된 레스토랑 마케팅 전략수립 및 효과적
인 수행에 유용한 정보를 제공하고자 하였다.

　박면애·유택용(2003)은 외식산업 제품을 구매하는 소비자들도
일반제품을 구매하는 소비자의 선호요인 및 이용행태와는 구별된
다양하고 예측하기 어려운 특성을 지니고 있으나 외식시장이 국내
실정에 맞는 실질적인 세분시장으로 구분되어 있지 못한 상태로,
세분화된 시장 특성에 맞는 차별화되고 구체적인 마케팅 전략수립
및 수행이 이루어지지 않고 있는 점을 지적하면서 국내외 문헌들
을 고찰하여 외식시장 구조와 세분화 전략을 세우는 데 필요한 기
초자료 제공과 외식시장 구조에 맞는 세분화 전략 방안을 모색하
였다.

　따라서 외식산업의 효과적인 시장세분화를 수행하기 위해서는
고객들이 레스토랑을 선택할 때 선호하는 편익을 찾아 그에 적합
한 마케팅 전략을 수립해야 한다. 고객이 레스토랑을 방문할 때 얻
고자 하는 편익으로는 가격, 품질, 가치, 서비스 등이 있다.(Reich,
1997)

제4절 패밀리레스토랑 서비스 품질 분석에 대한 모형설정

1. 패밀리레스토랑 선택속성 Gap 측정을 위한 모형설정

계량적 연구방법을 사용하는 연구에서는 종속변수의 측정수준에 따라 통계기법의 선택이 정해진다. 일반적으로 연구모형으로 여러 종류의 분석방법들이 사용되어 왔으나 그중에서도 가장 많이 사용되는 것이 회귀분석이다. 사용하기 간편하고 결과분석 및 독립변수의 유의성 검증이 용이하기 때문이다. 하지만 회귀분석의 사용에 필요한 여러 가정들 중에서 어떤 하나라도 만족되지 않는다면 심각하고 불합리한 결과를 초래할 수도 있으며 종속변수가 질적변수인 경우는 선형회귀분석은 독립변수들의 효과의 크기를 심각하게 잘못 해석할 수도 있기 때문이다.

서열 혹은 명목변수의 경우는 프로빗(Probit) 혹은 로짓(Logit) 모델이나 판별분석(Discriminant Analysis)을 사용하는 것이 바람직하다고 할 수 있다. 하지만 판별분석의 경우 사용될 독립변수는 반드시 등간이나 비율변수를 사용해야 하는 제약이 있다. 종속변수가 서열척도와 같은 질적변수인 경우에 선형회귀분석은 독립변수들의 효과의 크기를 심각하게 잘못 평가할 수 있는 단점이 있으므로,(주미영, 2000) 이러한 단점을 보완할 수 있는 모델인 서열 프로빗 모형을 이용한다.

프로빗과 로짓은 우도(Liklihood)를 이용한 통계적인 추론을 위한 모델이기에 관찰된 자료를 가지고 관찰되지 않은 관심분야를 추론할 수 있다. 이 모델에서 선형회귀분석에서 해석이 가능한 모수 추정치(parameter estimate)와 모델 적합도(goodness-of-fit)

의 값이 제한적으로 사용된다. 일반적으로 회귀분석에서 다상관 결정계수(R2)가 1이면 완벽한 모델의 적합도를 의미한다. 즉 종속변수가 회귀곡선에 의해 정확하게 설명된다고 말할 수 있지만 종속변수가 단지 두 개의 값을 갖는 경우에는 그런 적합도란 본질적으로 불가능할 수밖에 없다. 최대우도추정(MLE: Maximum Likelihood Estimation)방법에 의해 산출되는 우도비 지수와 정확하게 예측된 사례들의 비율을 가지고 모델의 적합성 여부를 판단한다. 그리고 프로빗은 종속변수가 양분변수(0, 1)일 경우 그리고 순차적 프로빗은 다분적(0, 1, 2, 3, 4……)인 서열변수인 경우 사용할 수 있다.

이 모형은 순서화된 이산변수를 처리하기 위해 제안된 모형으로 Aitchison & Silvey(1957)에 의해 사용되기 시작하여, Ashford(1959) 이후에 이르러 본격적으로 일반 분포 함수의 CDF를 적용하여 사용하였다. Aitchison & Bennett(1970)와 Ashford & Sowden(1970)에 이르러서는 다양한 방법론적 논의를 적용하여 사용하였다. 방문수 모형에는 Hall(2001) & Bhat(1997)에 의해 적용된 바 있고 우리나라의 경우는 강경우(1998) & 정진혁(2001)에 의해 사용된 바 있다. 사회과학 분야에서 가장 널리 쓰이는 설문방법 중의 하나인 리커트형 척도에 가장 많이 응용되는 모형이기도 한 순차적 프로빗 모델(Oder Probit Model)은 Greene(2000)를 비롯한 많은 고급 계량 경제 교과서에서 소개되고 있다.

이항선택의 경우와 마찬가지로 연계함수는 누적표준 정규분포 함수의 역함수를 쓴다는 것이 Odered Logit Model과의 가장 큰 차이이다.

만일 직장인의 업무활동 후 방문 수는 자료의 특성상 순서를 가진 자료이다. 예를 들면 「집 - 직장 - 집」과 같은 통행을 갖는 직장인의 방문 수는 0이고, 「집-직장-학원-백화점-집」과 같은 통행 패턴을 갖는 직장인의 방문 수는 2이다. 따라서 방문 수가 0일 경우와 2일 경우는 자료의 특성상 순서를 가지고 있음에도 불구하고 다항 로짓모형이나 다항 프로빗 모형을 적용할 경우 순서를 반영하지 못하므로 오류를 내포하고 있다.(강경우·백병성, 1998; 송재룡, 1998)

일반적인 순서형 자료는 순서 J가 0, 1, 2, 3……j까지 가는 형태를 이루고 있으나 방문 수에 대한 자료 대부분은 1, 2, 3, 4, 5 정도가 대부분이며 6의 경우는 매우 작은 빈도를 가지고 있어 모형 개발 시 0, 1, 2, 3, 4, 5+로 구분하였다.(Bhat, 1997)

일반적인 순서형 확률모형은 다음과 같다.

$$y = \beta' x_i + \varepsilon_i \quad \varepsilon_i \sim N \ (0, 1) \tag{1}$$
$$y_i = 0 \ \text{if} \ y \leq \mu$$
$$= 1 \ \text{if} \ \mu_0 \langle y \leq \mu_1 \quad \cdots\cdots = J \quad \text{if} \ \mu_{J-1} \langle \mu_J$$
$$= 2 \ \text{if} \ \mu_1 \langle y \leq \mu_2$$

여기서 y는 잠재효용으로 측정이 가능한 효용($\beta' x_i$)과 측정이 불가능한 효용(ei)으로 나타낼 수 있다. 각 개인이 대안에 대한 선택을 결정하는 경우에 있어 식 (2)와 같은 조건을 따른다고 할 수 있다.

$$y_{ij} = 1 \qquad \text{if} \ \mu_{j-1} \langle y_i \leq \mu_1 \tag{2}$$
$$0 \qquad\qquad \text{Otherwise}$$

식(2)에서 나타낸 y는 개인이 선택 가능한 대안들의 집합이며 나

머지 부분은 개인의 잠재효용에 해당된다. 즉 개인의 잠재효용이 0 보다 작거나 같은 범주 안에 속하게 되면 개인의 선택대안은 y=0 이 되며, 잠재효용 범주가 0보다 크거나 같고 μ1보다 작은 경우 선 택대안은 y=1이 된다. μ은 각 설명변수의 추정계수 β를 취하여 추 정할 수 있는 한계값(Threshold)이라 하며 이를 통하여 선택대안에 대한 선택확률을 계산하는 데 이용할 수 있다. ε을 표준정규분포로 가정한 경우에 순서형 프로빗 모형(Order Probit Model)이라고 한 다. 각 대안별 선택확률은 식 (3)으로 표현할 수 있다.

$$\text{Prob } [y=0] = \varphi(\beta' X_1)$$
$$\text{Prob } [y=1] = \varphi(\mu - \beta' x) - \varphi(-\beta' X_2) \qquad (3)$$
$$\text{Prob } [y=2] = 1 - \varphi(\mu - \beta' X_3)$$

서열 프로빗 모형(OPM)은 종속변수가 리커트 스케일 등과 같은 순차적 다분(polychotomous)변수일 경우에 사용되는데,(Greene, 2000; Davidson & Mackinnon, 1993; Maddala, 1983) 행태학적인 연구를 위해 사용할 자료를 수집할 경우 모든 자료들이 정확하게 양적이고 연속적인 자료만이 수집된다고 볼 수 없다. 또한 종속변 수로서의 변수의 범위가 경우에 따라서는 제한되어 있을 수도 있 고 때로는 변수가 질적인 성격을 가지는 경우도 상당히 많다.(주미 영, 2000) 따라서 본 연구에서 이용된 종속변수인 전반적인 만족도, 재방문 의사, 추천의사는 매우 아니다(1), 아니다(2), 보통(3), 그렇 다(4), 매우 그렇다(5)의 질적인 성격의 행태학적 변수로 측정되었 으며 순차적 다분 변수인 리커트 5점 척도로 측정되었으므로 서열 프로빗 모형(OPM)을 적용할 수 있다.

2. 패밀리레스토랑 시장세분화를 위한 모형설정

다항선택모형(MNL)은 고객의 대안에 대한 선택과정을 이해하고 선택확률을 예측하기 위해 개발된 모형이 다항선택모형(MNL: Multinomial Choice Model)이다.

MNL모형은 단순성 때문에 생물학, 심리학, 경제학, 통계학 등 다방면에서 많이 활용되어 왔다. 기존의 회귀분석방법과 비교할 때 로짓 모형은 보다 적절한 분석방법으로 평가받고 있는데 이는 실제의 선택상황에 있어서 개별 소비자는 상이한 대안을 가지고 있기에 평가의 기준이 되는 속성들도 다를 수 있기 때문이다.(Gensch & Recker, 1979)

MNL모형은 다수의 선택조합(choice set)에서 각각의 선택에 대해 미치는 독립변수의 영향력을 파악하는 데 적합한 모형으로 대안에 대한 선택과정을 이해하고 선택확률을 예측하기 위해 개발된 모형이며, 동시에 모형수식의 단순성, 계산의 용이성(Haartsen, Groote & Huigen, 2003) 때문에 마케팅은 물론 생물학, 심리학, 경제학, 통계학 등 여러 학문분야에서 활용되어 왔다.(McFadden, 1981; Angelika, 1997)

다항선택모형(MNL: Multinomial choice Model)은 응답변수 간의 위계나 순서화 여부가 불투명한 경우에 쓸 수 있으며 이는 위계나 순서화가 있는 변수가 다룰 때는 응답변수 간의 관계가 강하게 가정되고 사용되는 것이므로 이 관계에 대한 확신이 없다면 변수 간의 상관관계에 대해 큰 가정이 필요하지 않는 MNL모형을 쓰는 것이 통계적 유의성을 확보하는 데 유리하기 때문에 사용된다.(Liao, 1994)

관광목적지 선택에 관한 연구에서 MNL모형이 적용된 것은 Mcfaddan(1974)에 의해서이다. 초기에는 계량 경제학과 교통계획에서 주로 활용하던 연구방법이었으나 여가연구에 적용되기 시작하여 이제는 개별적 자료를 분석하는 연구도구로서 많이 활용되고 있다.(Stynes & Peterson, 1984)

Kent & Guilinan(1975)은 점포선택 모델을 이용해 점포선택에 있어서 여러 변수들의 영향을 연구했는데 이 모델에 의하면 인구통계적 특성, 라이프 스타일, 개성 등의 갖가지 특성은 쇼핑이나 탐색과 관련한 일반적 중요성이나 점포 이미지에 대한 지각에도 효과를 미치는 것으로 되어 있다. 또한 소비자의 점포에 대한 태도는 선택뿐만 아니라 그 점포 내의 제품과 상표선택에까지 영향을 주며 그 점포에 대한 만족은 점포 이미지를 강화시켜 충성도를 높여주게 됨을 시사하고 있다.

인터넷 통화시장에서 PFIMNL(Partitioned Fuzzy Integral Multinomial Logit Model)과 MNL을 이용한 연구가 있었고,(Fang & Ching-Ying, 2004) 박재완(2001)은 외식업체 소비자 선택모형에 관한 연구에서 외식업체의 점포선택 모델을 MNL모형을 이용해 연구하고 있는데 이 연구는 대형 상권에 밀접해 있는 지역에서 대규모 외식업체 선택과정을 조사하기 위한 실증연구 토대를 위한 이론적인 연구이다.

안광호·채서일(1993)의 multionmial Logit 모델을 이용한 점포선택행위에 대한 실증연구에서는 강남지역 대형 백화점에 대한 소비자 선택행위를 실증분석하였다. 이 결과 점포까지의 이동시간이 소비자의 백화점 선택에 중요한 영향으로 밝혀졌는데 이를 위해 사용된 변수 및 점포 이미지 관련 속성은 이동시간, 상품이 다양성,

상품의 질, 가격, 조사원의 서비스, 애프터서비스, 유명상품 종류 등
일곱 가지 점포 속성이고 점포에 대한 고객의 인식수준을 7점 척
도로 사용하여 측정하였다. 이는 점포속성에 대한 측정이 용이하며
여러 가지 점포이미지 연구에서 높은 신뢰성을 가지고 있는 것으
로 밝혀졌다.

안광호·임영균(1996)은 우리나라 소비자의 아파트 선택행위를
Nested Logit모형과 MNL모형으로 분석하여 소비자의 대안 선택과
정과 시장 경쟁구조를 파악하였다. 연구결과 Nested Logit모형이
MNL모형보다 소비자의 아파트 선택과정을 더 잘 설명하는 것으로
나타났다.

Buckline(1991)은 액체세제시장 세분화에서 계층적 다중선택 복
합모형(Nested MNL-mixture model)을 적용하였다.

Gruca & Sudharshan(1991)은 MNL모형이 개별수준의 선택행
동을 모형화하는 데 자주 이용되지만 시장 점유율을 적정 모형화
하는 것에는 문제점을 가진다고 지적하였다. 즉 MNL모형은 경쟁
적 소비자 행동을 반영하지 못하므로 시장 점유율과 같은 경쟁적
마케팅 상황에 대한 분석으로 부적합하다는 것이다.

Gupta & Cintagunta(1994)는 시장세분화에서 인구 통계학적 변
수가 미치는 영향 분석으로는 케첩시장에서 로짓 복합모형(logit
mixture model)을 이용해 연구하였다.

Isabel & Maria(2005)는 스페인 Murcia 지방에서 농촌휴일 여행
지 관광객의 어떠한 특성이 숙박형태를 선호하는가를 알아보고자
MNL을 적용하였다. Angelika & Gerd(1997)은 독일에서 14세 이
상의 표본을 선정하여 여행목적지와 휴가활동 사이에서의 개개인
의 선택의 결정요인을 분석하기 위해 MNL이용하였다.

김경환·이정호(1996)의 연구에서는 국내선 항공여객교통 수요예측에 MNL모형을 적용하여 분석하였는데 MNL을 이용한 수요추정은 교통수단을 이용하는 개인이 수단을 선택할 확률을 결정하고 이 선택확률을 두 지역 간의 총통행량에 곱하여 추정하고자 하는 교통수단별 통행량을 산출하는 것이다. 어떤 개인이 상호경쟁관계에 있는 교통수단 중에서 어떤 수단을 선택할 것인가의 결정은 교통수단의 서비스 특성뿐만 아니라 이용자의 특성 및 통행목적의 특성 등이 상호 결합되어 복합적으로 이루어진다는 점을 이론적 근거로 하고 있다. 특히 로짓모형은 도시교통의 수단선택 모형에 많이 활용되고 있으며 도시 교통의 확률을 구하고자 할 때는 이용자 개개인의 선호도를 다방면으로 분석하여 적용할 수 있다. 최근 들어 마케팅 분야의 선택모형 적용에 있어서 가끔 '한다.' '하지 않는다.'와 같은 이분형 종속변수의 분석을 포함하여 다루고 있다.(Donkers, Franses & Verhoef, 2002; Chib, Seetharaman & Strinnev, 2004)

김정숙(2004)의 지역주민의 관광영향 인식과 사회적 특성이 관광개발 유형에 미치는 영향에서 MNL을 적용하여 모형을 추정하고 그 영향력을 파악하였다. 이 연구에서는 관광개발 유형은 종속변수로 적용하였고 이에 영향을 미치는 설명변수로 지역주민들의 관광영향인식과 사회적 특성, 인구 통계적 특성, 지리적 특성 변수들을 적용하였다. 분석결과는 지역주민들이 인식하는 관광영향 차이에 따라 그들이 선호하는 관광개발 유형이 다르게 나타났고 지역주민들의 관광영향인식 중에서 관광개발 유형선호에 가장 중요하게 작용하는 요인으로 사회·문화 영향에 대한 인식 정도를 들 수 있었다. 또한 지역주민들이 선호하는 관광개발 유형에 영향을 미치는 요인으로는 환경적인 영향인식이 나타났다.

이은수(2004)는 관광유형에 영향을 미치는 요인과 영향 정도를 파악하기 위하여 군집분석을 통하여 추출된 4개의 군집화된 관광유형 추구집단을 종속변수로 하여 응답자의 지리적 변수와 인구통계적 특성, 방문 특성, 방문동기, 기타 특성 등을 독립변수로 MNL모형을 적용하여 관광유형 결정요인을 추정하였다.

이승길(2005)은 마리나 보팅 관광의 연계관광 유형에 영향을 주는 요인과 영향 정도를 파악하기 위하여 군집분석을 통하여 추출된 4개의 군집화된 연계관광선호 유형 집단을 종속변수로 하여 인구 통계적 특성, 지리적 특성, 모험적 스포츠 요인, 스포츠 요인, 자연관광요인, 도시중심 여가요인 등을 독립변수로 MNL모형을 적용하여 연계관광유형 영향요인을 추정하였다.

다수의 선택조합에서 각각의 선택에 대해 미치는 독립변수의 영향력을 파악하는 데 적합한 모형이다. 개인은 특정 브랜드의 외식업체 선택으로부터 얻는 자신의 만족도(효용)가 극대화될 때 해당 브랜드를 선택한다는 것이 선택행동과 관련된 일반적인 가정이다. 외식업체 선택으로부터 효용을 구한다고 가정하면 외식업체 브랜드 선택을 의미하는 변수로서 c라는 변수를 도입하였다. 이때 소비자가 특정유형을 선택했다면 $c=1$, 그렇지 않았을 경우 $c=0$라고 표현한다. 설명변수는 서비스 선택속성을 나타내는 변수벡터 dtj와 인구통계적 특성을 의미하는 변수벡터 xtj로 구분된다. 여기에서 아래첨자 t와 j는 각각 t 번째 개인과 j 번째 외식업체 브랜드를 의미한다. 소비자가 특정 브랜드의 외식업체를 선택했다면 효용은 다음과 같은 함수형태를 나타낼 수 있다. $U1=U(1, dtj, xtj)$, 특정 외식업체 브랜드를 선택하지 않았다면 $U0=U(1, dtj, xtj)$로 표현된다.

MNL모형은 Luce의 선택공리(choice axiom)에 이론적 토대를 두고 있다. Luce는 고려되는 선택 대안들 중에서 가장 효용(선호도)이 높은 대안이 선택될 가능성이 가장 높은 것으로 가정하고 특정대안이 선택될 확률은 대안이 갖는 효용 값과 고려되는 모든 선택대안들의 개별 효용 값들의 한간의 비율로 나타난다는 선택공리를 제시하였다. 선택공리에 따르면 특정대안에 대한 선택확률과 대안들의 효용치 간의 관계는 다음과 같이 나타낸다.

$$P_{ij}{}^{*} = \frac{U_{ij}{}^{*}}{\sum\limits_{i=1}^{J} U_{ij}}$$

여기에서 $P_{ij}{}^{*}$: 개인 i가 선택대안 j*를 선택할 확률
U_{ij} : 개인 i의 선택대안 j*에 대한 효용
J: 개인 i가 고려하는 선택대안의 총수

Mcfadden은 Luce의 선택공리에 이론적 근거를 두고 다음과 같은 세 가지 가정에 의해 도출된다. 첫째 소비자의 특정대안에 대한 효용은 결정적 요소(determinant component)와 무작위 요소(random conponent)로 구성된다. 결정적 요소는 연구자가 관찰하기 위해 고려한 대안들의 속성들 또는 소비자의 특성에서 기인한 측정 가능한 효용 값을 반영하며, 무작위 요소는 결정적 요소에 포함되지 않은 기타 영향변수들에 의해 발생된 효용 값으로 연구자에 의해 관찰되지 못한 부분이다. 이를 수식으로 나타내면

$$U_{ij} = V_{ij} + \varepsilon_{ij}$$

여기에서 U_{ij}: 개인 i의 선택대안 j에 대한 효용

V_{ij}: 결정적 요소(관찰 가능한 변수에 의해 설명되는 효용치)

ε_{ij}: 무작위 요소(관찰 불가능한 요인에 의해 발생되는 효용치)

둘째 의사결정자는 대안을 선택하는 데 있어 효용의 무작위 요소로 인하여 확률적으로 대안을 선택하게 된다. 즉 확률적 효용의 극대화(stochastic utility maximization) 이론에 따라 고려 중인 대안들 중에서 가장 높은 효용 값을 가진 대안을 선택한다. 확률적 효용 극대화 이론에 의하면 특정 대안의 선택확률은 그 대안이 가지는 효용 값이 고려되는 다른 대안들의 효용 값보다 클 확률과 같다. 두 번째 가정은 다음과 같은 수식으로 표현될 수 있다.

$$P_{ij}^{*} = P(U_{ij}^{*} > U_{ij})$$
$$= P(V_{ij}^{*} + \varepsilon_{ij}^{*} > V_{ij} + \varepsilon_{ij})$$
$$= P(\varepsilon_{ij} - \varepsilon_{ij}^{*} < V_{ij}^{*} - V_{ij,\ i \neq j})$$

여기에서 P_{ij}^{*}: 개인 i가 선택대안 j^{*}를 선택할 확률

셋째 무작위 요소의 오차항은 서로 독립적이며 double exponential (extreme value) 분포를 가진다.

$$P(\varepsilon \leq \varepsilon^*) = \exp[-\exp(-\varepsilon^*)]$$

이 세 가지 과정에 근거하여 소비자의 특정 대안에 대한 선택확률은 다음과 같이 간단한 수식의 MNL 모형이 도출된다.

$$P_{ij}^* = \frac{\exp V_{ij}^*}{\sum_{i=1}^{J} \exp V_{ij}}$$

MNL 모델은 Luce(1959)의 선택공리(choice axiom)와 Thurstone (1927)의 확률적 효용(random utility model)에 이론적 근거를 두고 있다는 점에서는 유사하지만 대안에 대한 효용을 대안의 속성 또는 개인의 특성함수로 보고 대안에 대한 선택확률을 추정된 모수에 의해 예측할 수 있는 점에서 효용의 함수형태 및 측정방법을 제시하지 못하는 Luce 모델보다 다양한 선택상황에 적용할 수 있다.

따라서 MNL모형은 인구 통계적 특성, 소비자가 직면한 구매환경, 현재의 선택 등을 기초로 선택행위를 모형화하는 분석이다. 즉 다수의 선택조합(choice set)에서 각각의 선택에 대해 미치는 독립변수의 영향력을 파악함으로써 관찰되지 않은 효과까지 예측할 수 있기 때문에 본 연구의 시장세분화에 적합한 모형으로 판단하였다. 이러한 판단을 배경으로 본 연구에서는 패밀리레스토랑 선택유형에 따른 시장세분화를 하고자 한다.

3. 패밀리레스토랑 수요모형설정

수요모형 연구에 있어서 우선 고려해야 할 시안 중의 하나는 통계적 모형의 제 가정을 해당 자료의 성격에 합치시키는 일이다. 많은 수요연구에 있어서 종속변수는 비음정수(非陰整數)로 표현된다. 포아송 분포란 일정한 시간 또는 공간 내에서 사건이 무작위로 발생할 때 '0'을 포함한 발생횟수와 그에 대응하는 확률분포를 의미한다.

관광수요모형에 있어서 종속변수인 방문횟수는 비음정수라는 특성을 갖는 가산자료로 표현된다. 종속변수에 대한 오차항이 연속확률분포의 하나인 정규분포를 가정하는 선형회귀분석을 이산 종속변수인 가산자료에 적용할 경우 편의 추정치 문제를 피할 수 없다.(Hellerstein & Mendelson, 1993) 또한 선형회귀 모형이 예측에 적용되었을 때 음의 방문량이 초래될 가능성이 있으며 독립변수의 증감에 따라 예측된 방문량이 너무 높게 혹은 낮게 측정될 수도 있다.

포아송 분포는 산업, 농업, 생태학, 의학, 사회학 등 다양한 제 과학 분야의 연구에서 많은 이용이 있어 왔다. 그런데 관찰치가 완전한 포아송 분포의 모든 영역으로부터 얻어졌다면 이때 모수설정의 문제는 매우 간단하다. 그러나 표본이 절단 혹은 제한된 포아송 모집단부터 얻어졌다면 이에 대응되는 추정치의 계산은 상당히 복잡하게 된다. 이러한 절단 유형의 형태에서 고려될 수 있는 것으로 관찰된 실제표본자료를 잘못 기록하거나 보고함으로써 오류가 발생하는 경우를 상정할 수 있겠다. 이와 같은 형태의 오류는 모수의 합리적인 추정에 커다란 장애가 되며 만일 이것이 무시하게 되면 그 오류는 편의된 추정량을 얻게 되는 원인이 된다.

포아송(Poisson) 모형은 종속변수가 비음정수(non-negative integers: 0, 1, 2, 3……)로 표현되는 가산자료(Count data)의 추정에 일반적으로 사용되는 계량경제 모형이다. 예컨대 일일음료 소비횟수,(Mullahy, 1986) 택시 운전자의 교통사고 발생 빈도,(장태연, 2003) 그리고 신기술 채택 빈도(Faria et al., 2003) 등을 들 수 있다.

포아송(Poisson) 모형은 가산자료의 분포도와 가산자료 중 '0'에 대한 해석 또는 빈도 등에 대한 이론적 수렴에 따라 다양한 변형으로 개발되어 왔다. 방문횟수로 표현되는 관광수요 역시 가산자료의 특성을 가지므로 여러 형태의 포아송(Poisson) 모형이 관광수요 추정을 위해 적용되어 왔다. 이 분야의 최초 연구로서 Shaw(21988)는 관광지 방문자의 표본과 관련된 문제점을 시정하기 위한 방편으로 포아송(Poisson) 모형을 개발하였다.

비음정수와 또한 동시에 표본절단에 해당하는 종속변수는 절단된 가산자료과정(Truncated count data process)에 의해 설명될 수 있다. Grogger & Carson(1987)은 절단된 가산자료과정을 적절하게 모형화할 수 있는 방법으로써 절단된 포아송(Truncated Poisson), 절단된 음이항(Truncated Negative Binomial Poisson) 모형을 개발하여 낚시 여행수요에 적용하였다. Shaw(1988) 역시 이 분야와 관련하여 이론적 토대를 쌓았으며 관광지 방문자의 표본과 관련된 문제점을 시정하기 위하여 위의 모형들을 적용하였다. 그 후 유사한 모형이 쇼핑몰 방문,(Okoruwa et al., 1988) 보팅여행,(Gurmu & Trivedi, 1996) 산악 바이킹(Fix et al., 2000) 등에 다양한 형태로 변형되어 적용되어 왔다.

Cohen(1960)은 완전한 포아송 분포에서 X=1일 때를 X=0 경우로 오분류 될 확률과 이때의 모수에 관한 추정의 문제를 고려하였다. 역시 Cohen(1959)은 어느 단계 $t(X=t)$에 있는 관찰치와 $t+1$ 단계$(X=t+1)$ 사이의 관찰치들이 오분류될 경우에 모수와 오분류 확률의 추정치도 고려한 바 있다.

가구의 경제적 합리성을 강조하여 가구는 새로운 주거이주에서 발생하는 손실을 초과하는 이윤을 창출할 수 있다면 항상 이주를 고려하는 것으로 본다. 가구의 경제적 특성에 따른 이동을 다룬 접근법의 하나는 주거와 고용지 간의 통근문제가 주거지를 선택하는 데 있어서 중요한 결정요인이라고 보는 관점이다.(Bartel, 1979; Linneman & Graves, 1983; Zax, 1994; Ommeren et al, 1999; Kan, 2002)

가산자료 또는 범주형 자료를 분석하기 위해 일반적으로 사용되는 접근방법으로서 포아송(Poisson) 모형을 들 수 있다. 포아송 모형은 다음과 같다.

$$\Pr(Yi=j \backslash Xi) = \quad F_{poisson} \quad = \frac{\exp(-\lambda_i)\lambda_i^j}{J!},$$
$$j=0, 1, 2, \cdots \cdots \qquad (1)$$

여기에서 Yi는 I 번째 응답을, j는 Yi가 취할 수 있는 비음정수 값으로써 패밀리레스토랑 방문횟수를, λ_i는 추정되어야 할 포아송 파라미터로서 방문발생횟수의 평균 및 분산을 나타낸다.

위의 식 (1)은 상이한 λ_i를 허용함으로써 다음식과 같은 회귀식 형태로 확장된다.

$$\lambda_i = \exp(X_i \beta), \quad j=0, 1, 2 \cdots \cdots \qquad (2)$$

식 2에서 Xi는 측정된 변수의 벡터를, β역시 벡터로서 추정되어야 할 미지의 파라미터를 나타낸다. 지수형태를 취함으로써 적절한 분포를 위해 요구되는 λi의 비음조건이 유지될 수 있다.

표준 포아송 모형은 오차항을 포함하고 있지 않으므로 조건부 평균과 분산이 같음을 가정한다. 즉 $E(Yi \backslash Xi) = \lambda i = var(Yi \backslash Xi)$. 따라서 표준 포아송 모형은 동질적인 특성을 갖는 자료 또는 평균과 분산이 같은 자료에만 적용될 수 있다. 그러나 현실적인 자료는 분산이 평균을 초과하는 이른바 과산포(過散布: overdispersion)의 특성을 종종 갖는다. 과산포 문제는 일반적으로 가산자료에 있어서 관찰되지 않은 이질성이 존재하거나 또는 특정수(표준 포아송의 경우 '0')의 빈도가 과도할 경우에 발생한다.(Cameron & Trivedi; 1998) 자료가 과산포를 보일 경우 모형측정의 효율성이 감소되며 계수에 대한 통계적 검정의 신뢰성에 문제가 발생한다.(Karlaftis & Tarko; 1998) 가산자료의 과산포 문제를 해결하기 위한 접근방법으로써 제시될 수 있는 것이 음이항(Negative Binomial: NB) 모형이다.

절단된 포아송은 패밀리레스토랑에 방문하지 않은 사람들을 표본에 포함시키지 않으므로 종속변수인 이용횟수는 0에서 절단되게 된다. 절단된 포아송 모형의 확률 밀도함수는 다음과 같다.

$$Pr(Yi=j \backslash Xi) = F_{NB} = \frac{\Gamma(j+\alpha^{-1})}{\Gamma(j+1)\Gamma(\alpha^{-1})} \cdot (\alpha\lambda_i)^j [1+\alpha\lambda_i]^{-(j+\alpha^{-1})}$$

$$j=0, 1, 2 \cdots \cdots \qquad (3)$$

위의 식에서 α는 과산포 파라미터로서 모형 내에서 독립변수의 계수와 함께 추정된다. NB모형의 분산은 다음과 같다.

$$Var(Yi \backslash Xi) = \lambda_i(1+\alpha\lambda_i).$$

따라서 α＞0일 경우 분산이 평균(λ_i)을 초과하게 되므로 과산포를 허용하는 모형을 얻게 된다.

결론적으로 포아송 모형은 특정재화나 서비스 시장에 대한 수요조사의 경우 기존 참여자뿐만 아니라 잠재 수요자를 포함하는 모집단에 대한 임의표본의 표본공간은 0을 포함한 비음정수이지만 절단된 포아송 모형은 시장참여만을 대상으로 하는 표본공간은 0을 제외한 1 이상의 정수로 구성된다는 것이다.

제3장

연구설계

제1절 연구과제 및 연구흐름도

주 5일 근무가 의무화되면서 여가시간의 증대에 따른 외식시장의 성장이 가속화되고 재도약의 기회를 기대하는 시점에서 패밀리레스토랑의 이용객의 구매행동과 선택 및 시장세분화, 수요결정요인분석을 통해 향후 패밀리레스토랑의 수요에 대처할 수 있을 뿐만 아니라 고객맞춤 서비스를 통해 고정고객을 확보하는 마케팅전략적인 측면에서 시사점을 제공할 것이다. 따라서 본 연구의 과제는 패밀리레스토랑에 대한 1) 서비스 품질적인 선택속성에 대해 불일치에 의한 Gap을 분해하여 구매행동에 어떠한 영향을 미치는지를 규명한다. 2) 방문선호 유형별 시장세분화하고 세분화 변수를 추정한다. 3) 세분화 변수와 선택요인을 이용한 수요결정요인을 분석한다.

연구과제 1

패밀리레스토랑 선택속성을 이용한 불일치에 대한 Gap을 분해하여 구매행동에 미치는 영향을 규명한다.

첫 번째 연구과제는 서비스 품질을 결정하는 선택속성을 패밀리레스토랑 방문 전후의 중요도와 만족도의 평가를 통해 고객만족을 높일 수 있는 서비스 품질 개선의 방향을 제시한다.

연구방법으로서 서비스 품질 Gap 요인들을 기대와 만족의 불일치인 부정적 Gap, 긍정적 Gap 그리고 이들의 값을 합한 순변화 Gap으로 구성한 후, 패밀리레스토랑 이용객의 중요도와 만족도가 구매행동, 즉 전체적 만족도, 재방문 의사, 추천의사에 미치는 영향을 미치는가의 방향성과 크기를 실증적으로 분석하는 것이다. 요인분석에서 얻어진 선택속성요인의 부정적 불일치, 긍정적 불일치 또는 두 개 불일치 모두에 의해 영향을 받을 수 있다고 가정할 때 선택속성 요인과 관련된 마케팅 전략은 더욱 세분화될 수 있다. 예를 들어 주어진 선택요인의 긍정적 불일치보다는 부정적 불일치가 구매행동에 영향을 미친다면 관련 마케팅 전략은 선택요인의 부정적 요인을 감소시키기 위한 측면에 우선순위를 두어야 할 것이다. 반면에 구매행동이 선택속성과 양 방향 모두에 의해 영향을 받는다면 관련 마케팅 전략은 선택요인의 긍·부정적 요소 모두를 수용하는 방향에서 이루어질 필요가 있다.

이러한 분석결과는 향후 패밀리레스토랑에 관련해 정해진 인력과 예산으로 우선 해결해야 될 사항을 결정하는 데 유용한 정보를 제공하여 고객만족을 높일 수 있는 서비스 품질 개선의 방향을 설정할 수 있을 것으로 판단된다.

연구과제 2

> 패밀리레스토랑의 인구 통계적 변수와 선택요인이 시장세분화에 미치는 영향을 분석한다.

두 번째 연구과제는 패밀리레스토랑 이용객이 외식업체를 선택할 때 고려하는 선택속성을 기준으로 군집을 만들어 이에 대해 인구 통계적 특성과 선택결정요인의 영향을 분석하여 패밀리레스토랑의 이용객들이 패밀리레스토랑 선택 시 선호하는 것에 대한 태도를 파악하여 각 유형별 선호집단에 대한 마케팅 전략수립을 위한 시장세분화가 가능할 것으로 기대되고 향후 경쟁우위 전략구사를 위한 기초자료로 활용될 수 있을 것이다. 다항선택모형(multinomial choice model: MNL)을 적용시켜서 분석한다. 즉 패밀리레스토랑 방문객 시장세분화를 위한 방문 유형의 선호도를 설명해 주는 예측변수를 규명하는 것이다.

연구과제 3

패밀리레스토랑의 인구 통계적 변수와 선택요인 및 시장세분화 변수를 이용한 수요결정요인을 추정한다.

세 번째 연구과제는 패밀리레스토랑 간의 수요에 영향을 주는 결정요인을 분석하고 수요량의 변화의 예측을 통해 패밀리레스토랑으로 하여금 효과적인 패밀리레스토랑 방문수요 수급정책에 대한 필요정보와 경영에 대한 마케팅 전략에 필요한 정보를 제공할 것으로 기대된다.

본 연구의 세 가지 연구 과제를 도식화한 연구 흐름도는 〈그림 3-1〉과 같다.

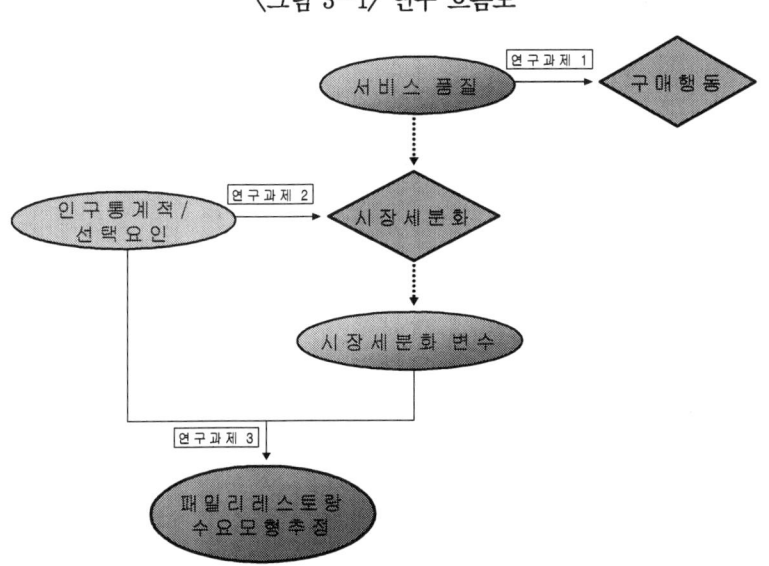

〈그림 3-1〉 연구 흐름도

제2절 조사설계

1. 표본설계와 조사방법

본 연구는 연구목적을 달성하기 위한 조사대상 및 표본설계는
〈표 3-1〉과 같다. 설문조사는 2006년 9월 1일부터 10월 10일까지
실시하였으며 조사대상은 수도권 지역 거주자 중 패밀리레스토랑
이용경험을 가진 사람들을 대상으로 하였다.

표본의 크기는 직접적인 방법이나 통계적 추정에 의하여 정보를
얻으려 하는 집단이므로 모집단을 정확히 규정하기 위하여 연구의 대상
(study object), 표본단위(sampling unit), 범위(extent), 시간(time)

94

과 같은 요소들을 명확히 확정하도록 하였다.

본 연구에서는 Cochran(1963)의 공식을 이용하였다. Cochran(1963)의 연구에서 모집단이 10만 명 이상이면 대집단으로 분류한다고 하였다. 95% 신뢰구간에서 ±5% 오차범위를 감안한다면 약 385매 이상의 표본을 채택하면 된다.

$$no = \frac{Z(1-a)^2 pq}{e^2}$$

$$= \frac{(1.96)^2 (0.5)(0.5)}{(0.05)^2} = ≒ 385$$

no＝조사 표본수

$Z(1-a)^2$＝95% 신뢰율의 수준＝1.96

p＝모 비율의 추정 값(Maximum Variability)＝0.5

q＝1-p

e ＝정밀도(Level of Precision)＝0.05

자료출처: 김영찬(2002). 외식산업 선택속성을 통한 포지셔닝에 관한 연구, 경기대 대학원 박사 학위논문, p.157.

표본의 크기는 총 1100부로 책정하였으나 1003부가 회수되었으며 분석에 이용한 설문지는 결측치가 많아 분석에 부적합하다고 판단되는 144부를 제외하고 최종분석에 사용한 설문지는 859부를 이용하였다.

회수된 표본 자료는 SPSS 10.0 for window과 LIMDEP 8.0을

이용해 표본에 대한 통계분석을 실시하였다.

〈표 3-1〉 실증 조사방법

구 분	조사방법
모집단	수도권 지역 거주자
표본의 크기	1100부
유효표본	859부
설문방법	임의추출법/자기기입법
조사기간	2006년 9월 1일~10월 10일

2. 조사도구의 조작적 정의

조작적 정의는 연구에 포함된 개념들을 측정하기 위한 첫 번째 단계로서 추상적인 개념을 구체화시키는 과정이라 할 수 있다. 본 연구에서 다루는 구성개념의 조작적 정의는 다음과 같다.

1) 패밀리레스토랑(family Restaurant)

본 연구는 패밀리레스토랑을 패스트푸드와 같은 빠른 서비스는 필요치 않으면서 가격은 저렴하고 어린이를 동반한 가족 고객들에게 다양한 메뉴를 제공하는 레스토랑으로 정의하였다.(Khan, 1991) 본 연구에서는 매출액 대비 상위인 TGIF, 베니건스, 빕스, 아웃백 스테이크 하우스를 중심으로 하였다.

2) 패밀리레스토랑 선택속성

본 연구는 기존의 양위주 · 박희정(2000), 박중환 · 이정실(2000), 이애주 · 정광현(2003), Lundberg(1989), Khan(1991), Doi(1992), Morgan(1993), Dube, Renaghan & Miller(1994), Yun Lok Lee & Nerilee Hing(1995), Bojanoc & Shea(1997), Jakia, Robert & John(2000) 등의 선행연구를 참조하여 음식(질, 맛, 다양성), 서비스(친절성, 신속성, 대기시간, 접객태도, 정확성, 대처능력, 부가서비스), 시설 및 분위기(고객수용능력, 실내 분위기, 실내온도 · 습도 · 통풍, 좌석배열, 업장외관, 대기시설, 배경음악, 레스토랑 평판 및 이미지), 위생 · 청결(음식기물 위생, 업장청결, 종사원청결) 등으로 정의하였다(〈표 2-7〉 참조).

3) 불일치 이론

중요도와 실행도를 기준으로 고객의 만족도를 측정하기 위하여 우선 이용자가 어떤 속성을 중요하게 여기는지를 조사한 뒤 이용 전후의 중요도와 실행도를 이용자 스스로 평가하게 하여 각각의 속성을 상대적인 중요도와 성취도를 동시에 비교 · 분석하는 기법으로 정의하였다.(Oh, 2001)

불일치에 대한 정의와 측정도 연구자마다 다른 의견들이 제시되고 있는데 본 연구에서는 패밀리레스토랑 서비스의 각 항목별 만족도 점수에서 중요도 점수를 차감한 값을 Gap으로 나타내어 음수 값이 나온 요인별 Gap의 점수를 합하여 부정적 Gap으로, 양수 값이 나온 요인별 Gap을 합하여 긍정적 Gap으로 변수화하였다. 또한 순변화 Gap의 크기를 파악하기 위하여 부정적 Gap과 긍정적 Gap

의 합으로 각 요인별로 변수화하였다.

3. 설문지 구성

본 연구를 위한 설문지는 크게 다섯 부분으로 구성된다. 각각의 설문은 그 내용에 따라 방문매장 및 횟수, 서비스 품질관련 선택속성, 만족도, 이용실태, 인구 통계적 특성 관련문항 등으로 구분하였으며 그 구체적인 내용은 다음과 같다.

첫째 패밀리레스토랑 방문관련 문항으로 지난 1년 동안 패밀리레스토랑 연간 방문횟수, 향후 이용 브랜드 등에 대한 문항을 구성하였다.

둘째 기존의 선행연구에서 패밀리레스토랑 방문 시 선택속성을 추출하여 업장 이용 전후의 중요도와 만족도에 대해 5점 척도로 각각 21개 문항을 구성하였다.

셋째 고객의 이용매장에 대한 전반적인 만족항목으로 업장의 전반적인 만족도, 이용 매장의 재방문 의사, 추천의사에 대한 문항으로 구성하였다.

넷째 이용실태에 관한 문항으로 월 평균 이용횟수, 동행자, 이용목적, 1인당 평균지출, 알코올성 음료 소비액, 매장 결정자, 매장 선택 시 중요선정기준, 매장정보경로 등에 대한 문항으로 구성하였다.

다섯째 인구 통계적 특성에 관한 문항으로 응답자의 성별, 결혼여부, 연령, 학력, 직업, 월 평균 가계 총소득 등에 대한 문항으로 구성하였다. 설문지의 구성내용을 표로 정리하면 〈표 3-2〉와 같다.

<표 3-2> 설문지의 구성

설문항목	측정내용	문항수
방문매장 및 횟수	주 이용 방문매장	4
	방문횟수	
	타 패밀리레스토랑 방문횟수	
	향후 이용브랜드	
선택속성	중요도	21
	만족도	21
매장 만족도	전반적인 만족도	1
	향후 이용의사	1
	추천의사	1
이용실태	월 평균 이용횟수	8
	동행자	
	주 이용목적	
	1인당 평균 지출액	
	알코올성 음료 지출액	
	매장 결정자	
	매장 선정 시 주 선정기준	
	매장정보 습득 경로	
인구 통계적	성별	6
	결혼 여부	
	연령	
	학력	
	직업	
	월 소득	

제4장

실증분석

제1절 기초통계분석

수도권 지역 거주자를 중심으로 한 설문조사에서는 1,100부의 설문을 배포 총 1,003부를 회수하였다. 이 중 모형분석에 부적합한 설문지 144부를 제외한 859부의 표본을 SPSS 10.0 for Window를 이용한 빈도분석, 요인분석, 군집분석 등의 기초통계와 Limdep 8.0 을 이용하여 표본에 대한 모형분석을 실시하였다.

1. 표본의 특성

1) 표본의 인구 통계적 특성

859부의 유효표본의 빈도분석 결과 응답자의 인구 통계적 분포는 〈표 4-1〉과 같다. 성별로 보면 남성이 320명(37.3%), 여성이 539명(62.7%)로 높게 나타났다. 교육 정도는 고졸 이하가 73명(8.5%), 초대졸이 130명(15.1%), 대학교 재학이 264명(30.7%), 대학교 졸업이 274명(31.9%), 대학원 졸업이 118명(13.7%)으로 나타났다. 결혼 여부는 기혼이 195명(22.7%), 미혼이 664명(77.3%)으로 나타났다. 가계소득은 200만 원~300만 원이 219명(25.5%), 500만 원 이상이 180명(21.0%)으로 조사되었다. 직업별로는 학생이 311명(36.2%), 사무직 159명(18.5%), 서비스직 187명(21.8%)으로 조사되었다.

<표 4-1> 응답자의 인구 통계적 특성

구 분		빈도	비율(%)	구 분		빈도	비율(%)
성별	남성	320	37.3	결혼 여부	기혼	195	22.7
	여성	539	62.7		미혼	664	77.3
연령	10~19세	6	0.7	학력	고졸 이하	73	8.5
	20~29세	570	66.4		초대졸	130	15.1
	30~39세	218	25.4		대재	264	30.7
	40~49세	60	7.0		대졸	274	31.9
	50~59세	4	0.5		대학원졸	118	13.7
	60세 이상	1	0.1	월 소득	100만 원 미만	29	3.4
직업	전문직	86	10.0		100~200만 원	161	18.7
	사무직	159	18.5		200~300만 원	219	25.5
	생산·기능직	30	3.5				
	서비스직	187	21.8		300~400만 원	146	17.0
	공무원·교직원	20	2.3				
	학생	311	36.2		400~500만 원	124	14.4
	퇴직·무직	17	2.0				
	주부	32	3.7		500만 원 이상	180	21.0
	자영업	17	2.0				
전체		859					

2. 표본의 패밀리레스토랑 선택속성 요인분석

레스토랑 선택속성 변수들 간의 상관관계를 이용하여 레스토랑 선택속성 속에 내재되어 있는 구조를 파악하여 변수가 가지고 있는 정보를 보다 작은 수의 요인으로 나타내어 레스토랑 선택에 있어서 어떠한 요인들이 중요한 작용을 하는가를 알아보기 위한 변수로 활용하고자 요인분석을 실시하였다.

　먼저 레스토랑 선택속성에 대해 패밀리레스토랑 방문 전후에 대한 중요도와 만족도 간의 Gap을 측정변수로 하여 21개의 항목에 대하여 주성분기법을 사용하였으며 회전방법은 직각회전법인 배리맥스(Varimax) 방식을 이용하여 요인분석을 하였다(〈표 4-2〉). 요인 항목에 사용된 표본의 적절성을 결정하는 측정치인 KMO(Kaiser-Meyer-Olkin)계수의 범위는 0에서 1로 1에 가까울수록 바람직하고 최소 0.5 이상이면 요인분석에 적합하다고 할 수 있다.(차석빈 외, 2001)

　응답자에게 질문한 21개의 레스토랑 선택속성에 대한 5가지 요인으로 구분되어 나타났다. 요인 1은 시설, 요인 2는 가격 및 이벤트, 요인 3은 서비스, 요인 4는 음식, 요인 5는 위생·청결로 요인명을 정하였다.

　먼저 요인 1에 대한 분산설명력은 36.46%로 가장 크게 나타났으며, 요인 2에 대한 분산설명력은 7.02%, 요인 3에 대한 분산설명력은 6.73%, 요인 4에 대한 분산설명력은 5.03%, 요인 5에 대한 분산설명력은 4.78%로 나타났다. 사회과학에서 총분산설명력이 60%를 넘으면 요인들의 설명력이 충분하다고 보는 것이 일반적이다.(차석빈 외, 2001) 본 연구에서 이들 세 가지 요인에 의해 설명될 수 있는 전체 누적 분산설명력은 60.02%로 나타났다.

　각 측정문항에 대한 신뢰도 분석을 위해서는 내적 일관성 측정계수인 Cronbach's α값을 사용하였다. 신뢰도 분석결과 요인 1(시설)은 α=.8595, 요인 2(가격 및 이벤트)는 α=.7642, 요인 3(서비스)은 α=.7569, 요인 4(음식)는 α=.7494, 요인 5(위생 및 청결)는 α=.6820으로 나타났다. 일반적으로 0.6 이상이면 비교적 높다고 할 수 있으므로 본 연구에서 사용된 측정도구의 신뢰성은 문제가 없다고 판단된다.

요인분석 결과는 〈표 4-2〉와 같다.

〈표 4-2〉 요인분석

요인명	측정문항	요인 적재량	분산비율	Cronba-ch's α	eigen value
F1 (시설)	실내온도 · 통풍 · 습도	.754	36.46%	.859	7.656
	배경음악 및 조명	.748			
	금연석 유무	.739			
	업장외관	.721			
	고객 수용력	.672			
	대기시설 및 놀이방 공간	.536			
F2 (가격 및 이벤트)	할인제도 적용성	.686	7.03%	.764	1.476
	가격	.654			
	부가 서비스	.594			
	할인정책 공지성	.590			
F3 (서비스)	종사원 접객태도	.761	6.73%	.756	1.414
	친절성	.724			
	대기시간	.649			
	대처능력	.610			
F4 (음식)	음식의 맛	.725	5.03%	.749	1.056
	양	.675			
	질	.640			
	메뉴 다양성	.638			
F5 (위생 및 청결)	음식기물 위생 및 청결	.770	4.77%	.682	1.002
	종사원 위생 및 청결	.721			
	화장실 위생 및 청결	.649			

제2절 불일치이론 모형추정 및 분석결과

패밀리레스토랑 이용객들이 인식하는 서비스 품질에 있어서 Gap
의 크기를 측정하기 위하여 패밀리레스토랑 서비스의 품질 중요도
와 만족도의 차이를 구하여 차이인식(Gap)이라는 변수를 새로이
설정하였다. 패밀리레스토랑 서비스 품질을 구성하는 Gap의 기술
통계는 〈표 4-3〉에서 보는 것과 같다. 각 변수에 대한 평균값을
보면 중요도에서는 대기시설, 접객태도순으로 중요도를 높게 나타
났으며 외관, 금연석 유무, 실내온도의 순으로 만족도에 대해 높게
나타났다. Cadotte(1998)의 연구결과에서는 음식의 질적인 부분이
높게 나타났으나 본 연구에서는 외관, 금연석 유무, 실내온도에 대
해 높은 만족을 보였는데 가족단위의 이용객의 증가로 금연석과
실내온도·통풍 정도에 대한 시설적인 부분에 대해 기업들이 많이
고려하기에 이런 결과를 얻은 것으로 보인다. 패밀리레스토랑 서비
스 품질을 의미하는 각 측정항목의 Gap이 통계적으로 유의한 차이
가 있는지 알아보기 위해 대응표본 t-검정을 실시한 결과, 모든
측정 변수의 Gap은 1% 수준에서 통계적으로 나타났다. Gap의 평
균이 모든 측정항목에 있어서 음수이고 통계적으로 유의한 것은
이용객이 서비스에 대하여 지각하는 수준이 기대하는 수준보다 낮
다는 것을 의미한다. 이는 조사대상이 된 패밀리레스토랑 서비스
품질이 낮거나 이용객의 기대수준이 높았거나 아니면 두 가지 모
두의 경우에 따른 결과라고 볼 수 있다.

〈표 4-3〉 패밀리레스토랑 서비스 항목 및 Gap의 측정

변수명	중요도		만족도		차이인식(Gap)	
	Mean	St.D.	Mean	St.D.	Mean	St.D.
가격대비 음식의 질	4.01	0.84	3.34	1.09	-0.67*	1.34
가격대비 음식의 맛	4.00	0.87	3.22	1.11	-0.78*	1.38
음식의 양	4.05	0.83	3.32	1.29	-0.73*	1.55
메뉴의 다양성	3.92	0.85	3.44	1.04	-0.48*	1.31
실내온도/습도/통풍 정도	4.02	0.90	3.47	1.06	-0.55*	1.37
금연석 유무	3.99	0.81	3.49	1.04	-0.50*	1.32
업장외관	4.06	0.95	3.59	1.07	-0.47*	1.43
배경음악 & 조명	4.01	0.90	3.26	1.04	-0.75*	1.38
고객 수용력(좌석 수)	3.92	0.92	3.40	1.14	-0.52*	1.45
대기시설 및 놀이방시설	4.18	0.77	3.53	1.04	-0.65*	1.31
종사원의 접객태도	4.06	0.85	3.07	1.09	-0.99*	1.37
서비스제공까지 대기시간	4.02	0.96	3.33	1.00	-0.69*	1.41
종사원의 친절성	3.91	1.00	3.08	0.97	-0.83*	1.42
종사원실수에 대한 대처능력	4.03	0.94	3.09	0.87	-0.94*	1.31
음식의 가격	4.01	0.90	2.95	1.00	-1.06*	1.34
할인제도적용	3.93	0.87	3.25	1.01	-0.68*	1.33
할인정책의 공지성	3.83	0.90	3.17	1.01	-0.66*	1.33
부가 서비스(생일파티 등)	3.82	0.89	3.34	0.98	-0.48*	1.32
음식기물의 위생·청결	3.79	0.91	2.91	1.12	-0.88*	1.43
화장실의 위생·청결	3.68	0.98	2.96	1.11	-0.72*	1.46
종사원의 위생·청결	3.71	0.83	3.10	1.22	-0.61*	1.45

주: *는 1% 수준에서의 유의도를 의미함.

조사된 자료에 의해 조사된 자료에 서열 프로빗 모형(Ordered Probit Model)을 적용하여 본 연구에서는 패밀리레스토랑 서비스의 중요도-만족도 불일치의 방향을 요인별로 알아보기 위하여 패밀

리레스토랑 서비스의 각 항목별 만족도 점수에서 중요도 점수를 차감한 값을 Gap으로 나타내어 음수 값이 나온 요인별 Gap의 점수를 합하여 부정적 Gap으로, 양수 값이 나온 요인별 Gap을 합하여 긍정적 Gap으로 변수화하였다. 또한 순변화 Gap의 크기를 파악하기 위하여 부정적 Gap에 긍정적 Gap을 합으로 하여 각 요인별로 변수화하였다.

패밀리레스토랑 이용객에 관한 각각의 요인별 총 Gap이 전체적 만족도, 재방문 의사에 미치는 영향을 추정한 결과는 다음과 같다 (〈표 4-4〉). 긍정적, 부정적 Gap의 크기가 비슷해서 전체적 Gap의 크기가 변화가 없을 경우, 총 Gap과 전체적 만족도, 재방문 의사의 관련성을 추적하기 어렵다는 한계점을 내포하고 있으므로 부정적 Gap과 긍정적 Gap으로 분해하여 전체적 만족도, 재방문 의사, 추천의사 등의 구매행동에 미치는 영향을 〈표 4-5〉, 〈표 4-6〉과 같이 추정하였다. 이러한 추정된 결과의 평가를 위한 신뢰성 검정 중 이론적 검정은 파라미터의 부호가 이론적으로 예상된 부호와 일치한가를 보며 통계적 검정은 개별 독립변수에 대하여는 t-검정하고 전체모형에 대해서는 尤度검정하였다.

OPM 추정결과에 의한 전체적 만족도 모형의 경우 5개 요인으로 축약된 패밀리레스토랑 서비스 품질 Gap 요인 중 서비스 요인이 패밀리레스토랑 전체 만족도에 미치는 영향은 순변화 Gap에서 1% 수준에서 정의 영향을, 부정적 Gap에서 1% 수준에서 부의 영향을 미치고 긍정적 Gap에서는 1% 수준에서 정의 영향을 미치는 것으로 추정되었다. 전체적 만족도 모형에서 시설, 가격 및 이벤트, 음식, 위생·청결 요인은 적합도가 낮고 통계적으로 유의한 변수로 나타나지 않았다. 따라서 모형의 해석은 제외되었다.

재방문 의사 모형의 경우 서비스 요인이 패밀리레스토랑 재방문 의사에 미치는 영향은 순변화 Gap에서 1% 수준에서 정의 영향을 미치고, 부정적 Gap은 10% 수준에서 부의 영향을 미치고, 긍정적 Gap에서는 1% 수준에서 정의 영향을 미치는 것으로 추정되었다. 위생·청결요인은 부정적 Gap에서 10% 수준에서 부의 영향을 미치는 것으로 추정되었다. 재방문 의사 모형에서 시설, 가격 및 이벤트, 음식요인은 적합도가 낮고 통계적으로 유의한 변수로 나타나지 않았다. 따라서 모형의 해석은 제외되었다.

추천의사 모형의 경우, 서비스 요인이 패밀리레스토랑 추천의사에 미치는 영향은 순변화 Gap에서 5% 수준에서 정의 영향을 미치고, 부정적 Gap에서는 10% 수준에서 부의 영향을 미치고, 긍정적 Gap에서는 1% 수준에서 정의영향을 미치는 것으로 추정되었다. 위생·청결요인은 부정적 Gap은 10% 수준에서 부의 영향을 미치는 것으로 추정되었다. 추천의사 모형에서 시설, 가격 및 이벤트, 음식요인은 적합도가 낮고 통계적으로 유의한 변수로 나타나지 않았다. 따라서 모형의 해석은 제외되었다.

요약컨대 패밀리레스토랑 서비스 품질에 대한 중요도-만족도 간의 서비스 요인이 구매행동에 미치는 영향은 다른 요인들에 비해 상대적으로 중요한 것으로 나타났다. 이런 결과는 서비스 요인의 순변화의 긍정적 Gap 부정적 Gap보다 크기가 더 커서 전체적 만족도, 재방문 의사, 추천의사는 높아진다. 따라서 방문객들이 지각하는 패밀리레스토랑 서비스 품질 요인 중 서비스 요인에 대해 외식업체 오너와 관리자들은 방문객의 서비스 수준 향상에 따라 이에 대처할 수 있도록 유형의 서비스는 물론 무형의 서비스인 종사원들의 체계적인 교육훈련시스템 구축과 동기부여 요인을 제공할 수 있도록 할 필요가 있으며 서비스 요인에 대한 부정적인 요소를 저감시키기 위한 측면에서 우선순위를 두어야 함을 시사한다.

한편 부정적 Gap에서는 위생·청결 요인이 추천의사에 영향을 미치는 것으로 나타났는데 이는 현재 외식기업에서 자주 발생하는 위생사고로 인해 고객의 위생에 대한 관심도가 높아지고 있기에 고객의 눈에 띄는 부분은 물론 시각적으로 확인할 수 없는 주방과 기타 편의시설에도 위생·청결을 유지할 수 있도록 담당구역 책임실명제를 실시할 필요가 있다.

〈표 4-4〉 순변화 Gap이 구매행동에 미치는 영향 추정결과

변수명	전체적 만족도		재방문 의사		추천의사	
	계수	t-값	계수	t-값	계수	t-값
시설요인의 순변화 Gap	-0.014	-0.736	-0.025	-1.272	-0.039	-0.954
가격·이벤트요인의 순변화 Gap	0.002	0.155	-0.007	-0.511	0.011	0.853
서비스 요인의 순변화 Gap	0.064***	3.379	0.056***	2.956	0.046**	2.438
음식요인의 순변화 Gap	0.019	0.874	0.015	0.701	0.003	0.144
위생·청결 요인의 순변화 Gap	-0.011	-0.527	0.040*	1.771	0.031	1.411
Constant	5.043***	52.18	5.218***	51.32	4.856***	49.04
Log-L	-1063.3		-1040.4		-1066.4	
Rest. Log-L	-1073.7		-1050.5		-1074.0	
Chi squared	20.77(P<0.00)		20.36(P<0.00)		15.18(P<0.01)	
No of Obs.	843					

주1: *, **, ***는 각각 10%, 5%, 1% 수준에서의 유의도를 의미함.

〈표 4-5〉 부정적 Gap이 구매행동에 미치는 영향 추정결과

변수명	전체적 만족도		재방문 의사		추천의사	
	계수	t-값	계수	t-값	계수	t-값
시설요인의 부정적 Gap	0.149	0.582	0.033	1.254	0.045	0.718
가격·이벤트요인의 부정적 Gap	-0.000	-0.032	0.010	0.577	-0.009	-0.547
서비스 요인의 부정적 Gap	-0.063***	-2.677	-0.046*	-1.926	-0.039*	-1.699
음식요인의 부정적 Gap	-0.026	-0.918	-0.024	-0.829	-0.008	-0.279
위생·청결 요인의 부정적 Gap	-0.009	-0.333	-0.056*	-1.870	-0.051*	-1.717
Constant	5.102***	38.20	5.252***	38.44	4.913***	36.37
Log-L	-1067.2		-1044.3		-1068.8	
Rest. Log-L	-1073.7		-1050.5		-1074.0	
Chi squared	13.00(P<0.02)		12.40(P<0.02)		10.45(P<0.06)	
No of Obs.	843					

주1: *, **, ***는 각각 10%, 5%, 1% 수준에서의 유의도를 의미함.

〈표 4-6〉 긍정적 Gap이 구매행동에 미치는 영향 추정결과

변수명	전체적 만족도		재방문 의사		추천의사	
	계수	t-값	계수	t-값	계수	t-값
시설요인의 긍정적 Gap	-0.433	-0.916	-0.034	-0.707	-0.074	-1.559
가격·이벤트 요인의 긍정적 Gap	0.017	0.538	-0.010	-0.294	0.035	1.060
서비스 요인의 긍정적 Gap	0.171***	3.394	1.979***	3.777	0.145***	2.882
음식요인의 긍정적 Gap	0.052	0.975	0.038	0.674	0.018	0.323
위생·청결 요인의 부정적 Gap	-0.031	-0.586	0.047	0.863	0.008	0.150
Constant	4.669***	50.65	4.796***	49.02	4.550***	48.29
Log-L	-1061.8		-1036.8		-1065.6	
Rest. Log-L	-1073.7		-1050.5		-1074.0	
Chi squared	23.78(P<0.00)		27.40(P<0.00)		16.89(P<0.00)	
No of Obs.	843					

주1: *, **, ***는 각각 10%, 5%, 1% 수준에서의 유의도를 의미함.

제3절 패밀리레스토랑 선택속성에 대한 군집분석

패밀리레스토랑에 대한 선택속성을 동질적인 집단으로 분류하고
자 SPSS for Window version 10.0의 와드 군집법(Ward's method)
을 이용하여 군집분석을 실시하였다. 군집분석은 대상들의 특성을
분석하여 유사한 성질을 갖고 있는 대상들을 동일한 집단으로 분
류하는 방법이며, 대상들이 갖고 있는 값을 거리(distance)로 환산
하여 가까운 거리에 있는 대상들을 하나의 집단으로 묶는 방법이
다.(차석빈 외, 2001)

따라서 패밀리레스토랑에 대한 선택속성의 평균적 응답을 관찰
하기보다는 대상들의 유사성에 근거해서 집단 내 분산은 낮고 집
단 간 분산은 큰 것을 특수한 특성을 지닌 두 개 또는 그 이상의
군집으로 분류하는 방법으로 폭넓게 사용되고 있다.(Williams &
Lawson, 2001)

군집분석은 크게 계층적 군집화(hierarchical clustering)와 비계층
적 군집화(non-hierarchical clustering)로 나누어지는데 군집대상
의 수가 적은 경우 계층적 군집화를 이용하면 쉽게 군집의 특성을
파악할 수 있지만 자료의 수가 많은 경우에는 결과해석의 어려움
이 발생한다.(이군희, 2001) 특히 200개 이상의 군집대상을 분류할
때 비계층적 군집화 방법인 K-means 군집화 방법을 권하고 있
다.(SPSS Base 10.0 Applications Guide, 1999)

따라서 본 연구의 유효 표본은 859개로 방대한 자료를 취급하는
데 용이한 Quick clustering k-means를 실시하였다. Quick clustering
k-means는 최종 군집의 수를 미리 정하고 그 군집 수에 적합한 최
적의 결과를 찾는 방법인 비계층적 군집화방법이다. 본 연구는 패밀

리레스토랑에 대한 선택속성 조사에서 얻어진 요인점수를 가지고 군집수를 증감시키면서 군집분석을 실시한 결과 군집수가 5개인 경우 가장 잘 분류되었다. 군집분석을 통해 분류된 5개의 선택요인은 〈표 4-8〉에 제시하였다.

추출된 군집의 군집명을 결정하고 군집분석 결과의 적절성을 보여주기 위해서 5개의 요인의 평균값을 이용하여 패밀리레스토랑에 대한 선택속성에 따른 일원분산분석과 사후검정(Duncan's multiple range test)을 실시한 후 평균의 차이가 유의적인 정도에 따라 VH(Very High)〉-H(High)〉M(Medium)〉L(Low)〉VL(Very Low) 등으로 구별하여 표기하였고 각 항목들의 상관도를 고려하여 대표성 있는 군집명을 부여하였다(〈표 4-7〉 참조).

군집 1(시설 선호집단)은 시설요인 요인에 대한 고려 정도는 높게 나타나고 있으며, 가격 및 이벤트, 서비스 요인에는 보통 음식과 위생·청결요인에서 낮은 반응을 보이고 있다. 이 군집은 시설선호집단으로 업장외부 및 내부의 편의시설에 대해 관심이 많은 집단이다.

군집 2(서비스·음식 선호집단)는 서비스와 음식요인에 대해 높은 관심을 보이고, 시설과 위생 및 청결도 비교적 낮은 관심이 있으며, 가격 및 이벤트에는 적은 관심을 가진 집단으로 음식점의 기본적인 조건인 서비스와 음식부분에 관심이 많은 집단이다.

군집 3(가격·음식 선호집단)은 가격 및 이벤트, 음식요인에 높은 관심을 보이고, 위생·청결부분은 보통 관심을 보이고, 서비스부분은 낮은 관심이 있으며, 시설부분에 대한 관심은 매우 낮은 집단이다.

군집 4(위생·청결 선호집단)는 위생 및 청결에는 특히 높은 관심을 보이고, 서비스와 음식에 대해서는 보통 수준의 관심을 보이고, 가격 및 이벤트와 시 부분에는 낮은 관심을 보이는 집단이다.

군집 5(무관심 집단)는 서비스 부분에는 관심을 가지지만 다른 요인들에 대해서 낮은 관심을 나타내는 집단이다.

〈표 4-7〉 패밀리레스토랑 선택속성 대한 군집분석 및 사후검정

요인/ 군집	군집 1 (n=149)	군집 2 (n=210)	군집 3 (n=144)	군집 4 (n=189)	군집 5 (n=164)	F값	유의도
F1 (시설)	$0.77^a(0.68)^b$ H^c	0.49(0.78) M	-0.79(0.84) VL	0.27(0.70) L	-0.94(0.66) VL	179.760	.000d
F2 (가격 및 이벤트)	0.43(0.94) M	-0.34(0.86) VL	0.66(0.92) H	-0.00(0.94) L	-1.00(.0.87) VL	45.274	.000
F3 (서비스)	-0.29(0.93) M	0.82(0.80) VH	-0.58(0.83) L	-0.36(0.85) M	0.13(0.86) H	79.382	.000
F4 (음식)	-0.71(0.76) L	0.72(0.71) H	0.78(0.77) H	-0.27(0.85) M	-0.65(0.69) L	155.438	.000
F5 (위생 및 청결)	-0.79(0.73) L	-0.10(0.80) M	-0.24(0.85) M	1.12(0.64) H	-0.22(0.80) M	149.889	.000
	시설 선호집단	서비스· 음식 선호집단	가격·음식 선호집단	위생·청결 선호집단	무관심 집단		

a: 평균값
b: 표준편차
c: 유의수준 5%에서 던컨 사후검정에 근거한 평균의 차이
  (VH(Very High)〉H(High)〉M(Medium)〉L(Low)〉VL(Very Low))
d: 유의수준 1%에서의 유의도

제4절 MNL을 이용한 패밀리레스토랑 시장세분화

1. 다항 선택모형의 추정

수도권 거주자를 대상으로 조사한 표본 응답자들의 인구 통계적 특성, 월 평균 방문횟수, 평균지출금액, 점포선택결정권자를 독립변수로 하여 패밀리레스토랑 선택유형에 미치는 영향을 분석하기 위하여 다항선택모형(multinomial logit model: MNL)을 적용하였다.

기초분석 단계에서 응답자의 패밀리레스토랑 선택에 대한 추구집단을 군집분석한 결과는 다섯 가지 추구집단으로 분류가 되었으며, 이 집단을 통해 어떠한 집단이 패밀리레스토랑 선택 시 어떤 부분을 선호하는가를 알아볼 수 있다. 또한 패밀리레스토랑 시장세분화에 중요한 변수가 될 수 있는 인구 통계적 특성변수와 구매이용행태를 이용함으로써 어떠한 유형의 추구집단에 선택의사가 높은지를 알아보았다.

종속변수로는 패밀리레스토랑 선택 시 고려되는 속성을 군집분석한 군집유형을 이용하였다.

MNL모형에 있어서 변수의 모형 및 기술통계는 〈표 4-8〉과 〈표 4-9〉에 제시하였으며, 패밀리레스토랑 선택유형에 영향을 주는 변수와 유의도를 〈표 4-10〉에 제시하였다.

<표 4-8> MNL 모형의 변수정의

변수명	변수정의
업장선택 군집유형	군집 1=시설 선호집단 군집 2=서비스·음식 선호집단 군집 3=가격·음식 선호집단 군집 4=위생·청결 추구집단 군집 5=무관심 집단
월 평균 방문횟수	0.5회 미만=1, 기타=0
평균지출액	고지출=1, 기타=0
알코올 지출액	알코올선호=1, 기타=0
업장결정권자	자신=1, 기타=0
성별	남자=1, 여자=0
결혼	기혼=1, 미혼=0
연 령	1=20대, 2=30대, 3=40대, 4=50대 이상
교육수준	대졸이상=1, 고졸 이하=0
직업	화이트컬러 직업군=1, 기타=0
월 소득	월 평균 가계소득

<표 4-9> MNL 모형의 기술통계

변수요약	변수명	평 균	표준편차
종속변수	업장선택군집유형	2.091	1.374
구매행동	월 평균 방문	0.428	0.495
	평균 지출액	0.096	0.296
	알코올 지출액	0.252	0.434
	업장결정권자	0.471	0.499
인구 통계적 특성	성별	0.373	0.484
	결혼	0.226	0.418
	연령	1.411	0.646
	교육수준	0.915	0.277
	직업	0.570	0.495
	월 소득	345.5	163.6

주: 평균값 해석은 모형 변수의 정의 참조.

〈표 4 -10〉 패밀리레스토랑 선호유형에 따른 MNL 추정결과

변수명	시설선호집단		서비스·음식 선호집단		가격·음식 선호집단		위생·청결 선호집단		무관심 집단	
	계수	t-value	계수	t-value	계수	t-value	계수	t-value	계수	t-value
성별	0.010	0.429	0.039	1.557	-0.010	-0.406	-0.027	-1.099	-0.012	-0.557
결혼	0.075	1.925*	-0.050	-1.123	-0.000	-0.023	0.006	0.156	-0.030	-0.764
연령	-0.004	-2.430**	0.001	0.652	0.001	0.901	-0.001	-0.797	0.003	1.719*
교육수준	0.008	0.181	-0.037	-0.787	-0.043	-0.959	0.130	2.389**	-0.058	-1.422
직업	0.026	0.945	0.022	0.730	-0.038	-1.285	-0.003	-0.135	-0.006	-0.225
소득	0.000	0.335	-0.000	-0.685	0.000	0.890	-0.000	-0.245	-0.000	-0.293
월평균방문	0.048	1.785*	-0.056	-1.914*	0.049	1.709*	0.006	0.228	-0.046	-1.706*
평균지출액	-0.110	-1.92*	-0.115	-1.874	0.087	1.881*	0.092	2.018*	0.045	0.994
알코올지출액	0.006	0.190	0.082	2.545**	0.026	0.806	-0.058	-1.707*	-0.057	-1.734*
업장결정권자	0.063	2.430**	-0.025	-0.875	-0.028	-0.990	-0.036	-1.318	0.027	1.023
Log likelihood function					-1341.659					
Restricted log likelihood					X-1373.427					
Model X²63.53(P⟨0.00)					63.53(P⟨0.00)					
Number of Observations					856					

주: t값의 *, **, ***은 추정계수가 각각 10%, 5%, 1% 수준에서의 유의도.

2. 모형 추정결과

MNL 모형에 있어서 패밀리레스토랑 업장선호 유형에 영향을 주는 변수를 1%, 5%, 10% 수준에서 유의도를 나타내고, 패밀리레스토랑 선택결정에 영향을 미치는 변수는 다음과 같다.

첫째 인구 통계적 변수 중 결혼, 연령, 교육수준은 일부 패밀리레스토랑 선택에 영향을 미쳤으며 성별, 직업, 소득은 영향을 미치지

않았다. 결혼유무에 있어서 시설선호집단에서는 정의 영향을 미치는 것으로 추정되었다. 연령은 시설선호집단에서는 부의 영향을 미치고 무관심 집단에서는 정의 영향을 미치는 것으로 추정되었다. 교육수준은 위생·청결 선호집단에 정의 영향을 미치는 것으로 나타났다.

둘째 구매행동 변수 중에서 월 평균 방문횟수에서 시설, 가격·음식 선호집단에서 정의 영향을, 서비스·음식집단과 무관심 집단에서는 부의 영향을 미치는 것으로 나타났다. 평균 지출액은 시설, 서비스·음식 선호집단에서는 부의 영향을 가격·음식, 위생·청결 선호집단에서 정의 영향을 미치는 것으로 나타났다. 알코올 지출액 부분에서는 서비스·음식 선호집단에서는 정의 영향을, 위생·청결 선호집단과 무관심 집단에서는 부의 영향을 미치는 것으로 나타났다. 업장결정권자는 시설선호집단에서만 정의 영향을 미치는 것으로 나타났다.

요컨대 MNL을 이용하여 패밀리레스토랑 업장선호 유형에 대한 선택행동결정요인의 분석에서 볼 때 시설선호집단은 기혼이고, 30대 이상이고, 월 평균 방문횟수가 0.5회 미만, 평균 지출액이 3만 원 미만, 업장결정권자는 자신이 선택하는 것으로 추정되었다. 서비스·음식 선호집단은 월 평균 방문횟수가 0.5회 이상이고, 평균 지출액이 3만 원 미만이고, 알코올을 선호하는 집단으로 추정되었다. 가격·음식 선호집단은 월 평균 방문횟수가 0.5회 미만이고, 평균지출액이 3만 원 이상인 집단으로 추정되었다. 위생·청결 선호집단은 대졸 이상의 학력과 평균 지출액이 3만 원 이상이고, 알코올을 선호하지 않는 집단이다. 무관심 집단은 연령이 젊고, 월 평균 방문횟수가 0.5회 이상이고, 알코올을 선호하지 않는 집단으로 추정되었다.

제5절 POISSON을 이용한 수요추정

1. 자 료

설문서는 구매행동, 패밀리레스토랑 선택유형, 인구 통계적 등 크게 3부분으로 구성되었다. 패밀리레스토랑 이용객의 수요모형을 설정하기 위하여 선택된 변수는 〈표 4-11〉에서 보는 바와 같다. 먼저 종속변수로서 패밀리레스토랑 방문횟수는 일인당 년 10.44회 이며, 표준편차는 7.715로서 본 가산자료는 과산포 경향을 보여주고 있음을 유추할 수 있다. 설명변수로서 패밀리레스토랑 이용객의 구매행동과 관련된 변수 2개, 선택유형에 관련된 변수 5개, 인구 통계 관련변수 6개 등 총 13개의 변수가 수요모형에 포함되었다.

이들 설명변수를 패밀리레스토랑 이용객 수요모형에 포함시킨 이유는 다음과 같다. 업장 선택유형은 경쟁관계에 의해 이용수요가 영향받을 것이라는 가정하에 수요모형에 포함되었다.

설명변수에 대한 기술통계는 다음과 같다. 구매행동 중에서 동반자는 친구·선후배가 51.3%로 높게 나타났으며, 정보획득은 추천을 통한 경로가 53.5% 높게 나타났다. 업장선택유형은 시설 추구형이 18.3%, 서비스·음식 추구형 22.3%, 가격·음식은 22%, 위생·청결 19.9%, 무관심은 17.2%로 나타났다. 인구 통계적 특성으로 응답자의 월 평균 소득은 345만 원, 남자가 37.2%, 대졸 이상의 학력이 91.5%, 기혼이 22.7%로 나타났다.

<표 4-11> 변수설명

변수요약	변수정의	평균	표준편차
종속변수	패밀리레스토랑 총방문횟수(회/년)	10.441	7.715
구매행동	친구·선후배=1, 기타=0	0.513	0.500
	추천=1, 기타=0	0.535	0.499
패밀리 레스토랑 선호유형	시설 선호형	0.183	0.387
	서비스·음식 선호형	0.223	0.416
	가격·음식 선호형	0.220	0.415
	위생·청결 선호형	0.199	0.400
	무선호 집단	0.172	0.378
성별	남자=1, 여자=0	0.372	0.483
결혼	기혼=1, 미혼=0	0.227	0.419
교육수준	대졸 이상=1, 고졸 이하=0	0.915	0.279
직업	화이트컬러 직업군=1, 기타=0	0.570	0.495
월 소득	월 평균 가계소득	0.345	0.163

2. 모형 추정결과

조사된 자료에 절단된 포아송(Truncated Poisson) 및 절단된 음이항 모형(TNB: Truancated Negative Binominal)을 적용하여 추정된 결과는 〈표 4-12〉에서 보는 것과 같다. 추정된 결과의 평가를 위한 신뢰성 검정 중 이론적 검정은 파라미터 부호가 이론적으로 예상된 부호와 일치한가를 보며, 통계적 검정은 개별독립변수에 대하여 t-검정을 하고, 전체모형에 대해서는 尤度검정(likelihood test)하였다.

TNB의 우도함수는 -2621.480으로서 TP 모형의 -3631.578에 비해 유의하게(x^2=2020.19, p<0.000) 증가하였다. 추정모형의 독립변

수에 대한 t-값에 있어서 TP모형이 TNB 모형에 비해 전반적으로 높게 나타났으나 이런 현상은 등산포를 가정하는 포아송 모형의 특성에 의해 표준오차가 과소평가된 결과에 따른 것이다. 이하 패밀리레스토랑 이용수요의 결정요인에 대한 해석은 TNB 모형의 추정결과에 따른다.

절단된 음이항 모형 패밀리레스토랑 이용수요모형의 추정결과에 의하면 2개 요인으로 축약된 구매행동변수 중 방문 시 정보획득 경로는 방문 수요변화에 별 다른 영향을 주지 않는 것으로 나타났으며 동반자 유형은 방문수요 증가에 통계적으로 1% 수준에서 유의한 정의 영향을 미치는 것으로 추정되었는데 이는 친구나 선 · 후배동반이 수요증가에 영향을 미치는 것으로 추정되었다.

패밀리레스토랑 선호유형 집단 중 서비스 · 음식 선호집단은 방문수요 증가에 1% 유의수준에서 정의 영향을 미치는 것으로 나타났다. 반면에 시설, 가격 · 서비스, 위생 · 청결, 무관심 집단은 다른 선호유형과 비교했을 때 수요변화에 유의한 영향을 주지 않는다.

인구 통계적 변수 중 교육수준, 수입은 모두 패밀리레스토랑 이용수요에 미치는 영향력은 방문 수요증가에 유의한 정의 영향을 미치는 것으로 추정되었으며, 이는 결혼 여부는 미혼집단이, 교육수준은 대졸 이상이 수요증가에 영향을 미치는 것으로 나타났다.

<표 4-12> 패밀리레스토랑 수요모형 추정결과

변 수	절단된 음이항 모형(TNB)		절단된 포아송 모형(TP)	
	계수	t-값	계수	t-값
동반자	0.1746***	3.099	0.1451***	5.668
정보획득경로	-0.0790	-1.522	-0.0813***	-3.578
시설 선호	-0.0028	-0.050	0.0210	0.879
서비스·음식 선호	0.1403***	2.804	0.1088***	5.138
가격·음식 선호	-0.0491	-1.001	-0.7886***	-3.475
위생·청결 선호	-0.0685	-1.340	-0.0633***	-2.761
무관심 집단	-0.0290	-0.382	0.0111	0.468
성별	-0.0351	-0.630	-0.0680***	-2.677
결혼유무	-0.2803***	-3.887	-0.1517***	-4.305
교육수준	0.5751***	8.350	1.1033***	22.602
직업	-0.0088	-0.164	-0.0067	-0.281
월 소득	0.0006***	3.886	0.0005***	7.877
Alpha	0.4991***	15.635		
Log-L	-2621.480		-3631.578	
Rest. Log-L	-3631.578		-3854.678	
Chi squared	2020.19(P<0.000)		446.200(P<0.000)	
No of Obs.	859		859	

주: *, **, ***는 각각 10%, 5%, 1% 수준에서의 유의도를 의미함.

3. 한계효과 분석

모형을 통해 추정된 계수에 대한 직접적인 해석에는 적지 않은 어려움이 따른다. 따라서 각 설명변수가 이용수요에 미치는 영향력을 파악하기 위해서는 각 설명변수에 대한 수요의 상대적 변화를 의미하는 한계효과(marginal effect)를 추정할 필요가 있다(〈표 4-13〉).

패밀리레스토랑 구매행동 중 동반자 변수가 이용수요에 미치는 한계효과는 1.1878(1% 수준)로 추정되었다. 이는 친구, 가족동반고객은 다른 동반고객에 비해 패밀리레스토랑 수요에 있어서 1.2회만큼 수요량을 더 증가시켰다는 의미이다. 이 추정치를 비교집단(기타 동반유형)의 패밀리레스토랑 이용횟수에 대한 비율로 환산하면 11% 정도 패밀리레스토랑 방문수요를 증가시킨 것이다.

반면에 정보획득원천에 의한 부분은 수요변화에 영향을 주지 않는 것으로 추정되었다. 따라서 본 자료의 추정결과에 따른 패밀리레스토랑 이용객의 수요는 가족과 친구라는 방문 동반자에 의해 특정 지어지는 면이 강하며, 직장동료 또는 기타 동반자는 제한적으로 영향을 미치고 있는 것으로 추정되었다.

패밀리레스토랑 이용 시 선택유형 변수 중 서비스·음식 선호집단의 한계효과는 0.9544(1% 수준)로 추정되었다. 이는 서비스·음식 선호집단은 패밀리레스토랑 이용 시 다른 유형에 비해 1 scale 증가함에 따라 이용 수요량을 0.95회 증가시켰고, 시설, 가격·음식, 위생·청결, 무관심 집단은 다른 선호 유형과 비교했을 때 수요변화에 유의한 영향을 주는 것으로 추정되었다.

따라서 이는 현재 패밀리레스토랑 이용고객의 시설, 서비스·음식, 가격·음식, 위생·청결 부분은 대부분의 패밀리레스토랑에서 이용객이 느끼는 품질수준은 높아져 비슷하기에 이제는 고객 스스로 업장으로 올 수 있도록 해서 감동을 줄 수 있는 차별화된 서비스나 본연의 요소인 음식의 질, 맛, 양 등이 패밀리레스토랑 이용고객의 수요량을 증가시키는 데 중요한 역할을 하는 것으로 추정할 수 있다.

패밀리레스토랑 이용수요에 대한 인구 통계적 특성의 영향 중 결혼 여부의 한계효과는 −1.9065(1% 수준)로 추정되었으며, 비교집단에 비해 이용 수요에 있어서 18.4%로 감소한 것으로 추정되었다. 교육수준의 한계효과는 3.9113(1% 수준)으로 추정되었으며, 따라서 대졸 이상의 학력집단의 이용수요가 그렇지 않는 집단에 비해 39.6% 더 높게 나타났으며, 직업과 성별은 수요변화에 유의한 영향을 주지 않는 것으로 추정되었다. 가계소득의 경우 한계효과는 0.0049(1% 수준)로 추정되었으며, 이는 1만 원 증가에 따른 수요증가는 0.0043 회로서 효과는 매우 미비하다. 따라서 패밀리레스토랑 이용수요는 인구 통계적 특성 중 결혼 여부, 연령, 교육수준이 중요한 긍정적인 영향을 하고 있는 것으로 보아 인구 통계적 특성이 이용수요에 대체적으로 다 영향을 미치고 있다는 것을 유추할 수 있다.

〈표 4 −13〉 한계효과(절단된 음이항 모형)

변 수	한계효과	증감율(%) 또는 비고
동반자	1.1878***	11%
정보획득경로	−0.5372	0.0
시설 선호	−0.0192	0.0
서비스 · 음식 선호	0.9544***	0.95회/Scale
가격 · 음식 선호	−0.3341	0.0
위생 · 청결 선호	−0.4663	0.0
무관심 집단	−0.1421	0.0
성별	−0.2392	0.0
결혼유무	−1.906***	18.4%
교육수준	3.9113***	39.6%
직업	−0.0599	0.0
월 소득	0.0043***	0.0043회/만원

주: *, **, ***는 각각 10%, 5%, 1% 수준에서의 유의도를 의미함.

제5장

결 론

제1절 연구결과의 요약

본 연구는 여가시간의 증대, 맞벌이 부부의 증가, 여성의 사회진 출로 인한 외식수요가 증가하고 있는 시점에 우선 패밀리레스토랑 이용객의 선택속성의 Gap을 이용하여 구매행동에 미치는 영향관계 를 보았으며, 거기에서 얻어진 요인적재량을 이용하여 시장세분화 변수를 만들어 이용행태 요인이 어떤 영향을 미치는가를 보았고, 시장세분화변수와 선택요인을 이용하여 수요결정요인을 분석하고, 시장세분별 수요량을 추정하는 데 목적이 있다.

더불어 패밀리레스토랑 이용객의 고객만족을 높이기 위한 서비 스 품질 개선방향을 제시하고, 시장세분화에 의한 세분화된 고객유 형에 대한 정보를 제공할 수 있을 것으로 기대되고, 패밀리레스토 랑 수요예측을 통하여 패밀리레스토랑의 발전방향을 제시하여 시 장세분화를 통한 마케팅 전략수립 및 표적시장을 선정하는 데도 그 의의가 있다.

상기와 같은 연구목적을 달성하기 위해 설문조사는 수도권 지역 에 거주하는 패밀리레스토랑 이용 경험이 있는 고객들을 대상으로 859부를 채택하여 분석에 활용하였으며, 분석방법은 SPSS 10.0 windows를 통한 표본에 대한 기초분석 및 기술통계를 하였고, 이 를 바탕으로 LIMDEP 8.0을 이용하였다. 불일치에 대한 구매행동 과의 영향관계는 서열 프로빗(Ordered Probit Model: OPM) 모형 을 사용하였고, 시장세분화와 선택결정 요인분석에는 MNL 모형을 통해 분석이 이루어졌고, 수요결정요인분석 및 시장세분화별 수요 량 추정에는 POISSON을 사용하였다.

본 연구의 결과를 요약하면 다음과 같다.

첫 번째 연구과제인 구매행동 결정요인의 추정에는 Gap을 이용한 요인분석을 실시한 결과 시설, 가격 및 이벤트, 서비스, 음식, 위생 및 청결의 5개의 요인으로 분류되었다. 이를 통해 분석한 결과는 패밀리레스토랑 서비스 품질에 대한 중요도-만족도 간의 서비스 요인이 구매행동에 미치는 영향은 다른 요인들에 비해 상대적으로 중요한 것으로 나타났다. 서비스 요인의 순변화의 긍정적 Gap 부정적 Gap보다 크기가 더 커서 전체적 만족도, 재방문 의사, 추천의사는 높아진다. 따라서 방문객들이 지각하는 패밀리레스토랑 서비스 품질 요인 중 서비스 요인에 대해 외식업체 오너와 관리자들은 방문객의 서비스 수준 향상에 따라 이에 대처할 수 있도록 유형의 서비스는 물론 무형의 서비스인 종사원들의 체계적인 교육훈련시스템 구축과 동기부여 요인을 제공할 수 있도록 할 필요가 있으며, 서비스 요인에 대한 부정적인 요소를 저감시키기 위한 측면에서 우선순위를 두어야 함을 시사한다.

한편 부정적 Gap에서는 위생·청결 요인이 추천의사에 영향을 미치는 것으로 나타났는데 이는 현재 외식기업에서 자주 발생하는 위생사고로 인해 고객의 위생에 대한 관심도가 높아지고 있기에 고객의 눈에 띄는 부분은 물론 시각적으로 확인할 수 없는 주방과 기타 편의시설에도 위생·청결을 유지할 수 있도록 담당구역 책임실명제를 실시할 필요가 있다.

두 번째 연구과제인 시장세분화 및 시장세분화 결정요인분석 연구에서는 군집분석 결과는 시설선호집단, 서비스·음식 선호집단, 가격·음식 선호집단, 위생·청결 추구집단, 무관심 집단으로 각각 분류되었다. MNL을 이용하여 패밀리레스토랑 업장선호 유형에 대한 선택행동결정요인의 분석에서 볼 때 시설선호집단은 기혼이고,

30대 이상이고, 월 평균 방문횟수가 0.5회 미만, 평균 지출액이 3만 원 미만, 업장결정권자는 자신이 선택하는 것으로 추정되었다. 서비스·음식 선호집단은 월 평균 방문횟수가 0.5회 이상이고, 평균 지출액이 3만 원 미만이고, 알코올을 선호하는 집단으로 추정되었다. 가격·음식 선호집단은 월 평균 방문횟수가 0.5회 미만이고, 평균 지출액이 3만 원 이상인 집단으로 추정되었다. 위생·청결 선호집단은 대졸 이상의 학력과 평균 지출액이 3만 원 이상이고, 알코올을 선호하지 않는 집단이다. 무관심 집단은 연령이 젊고, 월 평균 방문횟수가 0.5회 이상이고, 알코올을 선호하지 않는 집단으로 추정되었다.

따라서 시설선호집단은 기혼집단이고, 30대 이상의 집단이기에 아이들을 동반하는 경우가 많기에 대기시설과 놀이방 시설공간, 수유시설 등 아이들을 위한 공간을 확보하여 부모와의 공간을 분리시켜 여유로운 식사를 즐길 수 있도록 하며, 서비스·음식 집단은 방문횟수가 다른 집단에 비해 높고, 알코올을 선호하는 집단이기에 평균 지출액 증가를 위해 알코올음료의 할인제도 적용, 서비스의 질적 관리와 음식과 알코올음료의 세트화 작업도 고려해 보는 것도 필요할 것으로 보인다. 가격·음식 선호집단은 방문횟수가 낮은 데 비해 평균 지출액이 높은 집단이기에 가격 및 이벤트 활용프로그램 개발과 음식에 대한 웰빙 메뉴를 개발하여 가격이 조금 더 상향된 고급화된 음식개발을 하여 프로모션 작업이 필요할 것으로 보인다. 위생·청결 집단에서는 평균 지출액이 높고, 알코올음료를 선호하지 않기에 위생·청결에 대한 등급표시제를 개발하여 고객에게 공시하고, 평균 지출액이 높은데 알코올음료를 선호하지 않기에 기존의 음식이나 신메뉴를 개발하여 와인이나 무알콜음료와의 세트화 작업 및 텐트카드 활용이나 종사원의 업 셀링(up selling) 판매기법 교육을 통해 알코올이나 무알코올 음료 판매를 강화해 보는 것도 좋을 것이다. 무관심 집단은 연령이 젊고, 평균 방문횟수가 높기에 이벤트성 프로그램을 강화하거나 직접 참여할 수 있는 프로그램 개발 및 중저가 메뉴를 개발, 칵테일메뉴 판매강화 등을 통해 평균 지출액도 상승시킬 수 있도록 마케팅 전략을 수립해야 할 것이다.

세 번째 연구과제인 패밀리레스토랑 간의 수요결정요인 및 시장 세분화별 수요량을 추정한 결과 다음과 같다.

패밀리레스토랑 구매행동 중 동반자 변수가 이용수요에 미치는 한계효과는 친구, 선후배 동반고객은 다른 동반고객에 비해 패밀리레스토랑 수요에 있어서 1, 2회(11%)만큼 수요량을 더 증가시켰다는 의미이다. 반면에 정보획득원천에 의한 부분은 수요변화에 영향을 주지 않는 것으로 추정되었다.

패밀리레스토랑 이용 시 선택유형 변수 중 서비스·음식 선호집단의 한계효과는 각각 0.9544(1% 수준)로 추정되었다. 이는 서비스·음식 선호집단은 패밀리레스토랑 이용 시 다른 유형에 비해 1 scale 증가함에 따라 이용 수요량을 0.95회 증가시켰고, 시설, 가격·음식, 위생·청결 선호집단, 무관심 집단은 다른 선택 유형과 비교했을 때 수요변화에 유의한 영향을 주지 않는 것으로 추정되었다.

패밀리레스토랑 이용수요에 대한 인구 통계적 특성의 영향 중 결혼 여부(Married)는 비교집단에 비해 이용 수요에 있어서 18.4%로 감소한 것으로 추정되었다. 교육수준은 대졸 이상의 학력집단의 이용수요가 그렇지 않은 집단에 비해 39.6% 더 높게 나타났으며, 가계소득의 경우는 1만 원 증가에 따른 수요증가는 0.0049회로서 효과는 매우 미비하다. 따라서 패밀리레스토랑 이용수요는 인구 통계적 특성 중 결혼 여부, 연령 교육수준이 중요한 긍정적인 영향을 하고 있는 것으로 보아 인구 통계적 특성이 이용수요에 대체적으로 다 영향을 미치고 있다는 것을 유추할 수 있다.

따라서 본 연구의 추정결과에 따른 패밀리레스토랑 이용객의 수요는 친구와 선후배라는 방문 동반자에 의해 특정 지어지는 면이 강하며, 직장동료 또는 기타 동반자는 제한적으로 영향을 미치고 있는 것으로 추정되었으며, 서비스·음식 선호집단이 수요량 증가에 영향을 주는 것으로 나타났는데 이는 현재 패밀리레스토랑 이용고객에게 뭔가 감동을 줄 수 있는 적극적인 서비스와 고객 스스로 이용할 수 있도록 하는 외식업체 본연의 요소인 음식의 질, 맛, 양 등이 패밀리레스토랑 이용고객의 수요량을 증가시키는 데 중요한 역할을 하는 것으로 추정할 수 있다. 인구 통계적 특성도 대체적으로 이용수요에 다 영향을 미치는 것으로 나타났기에 해당 업장마다 설문이나 고객의견조사, 명함접수 등을 통해 인구 통계적 특성에 따른 세분화 작업을 하고, 기혼집단의 수요량 증가를 위해 아이들을 위한 공간확보와 우리나라 입맛에 맞는 메뉴개발에도 노력을 아끼지 말아야 할 것이다.

제2절 연구의 시사점

현재 패밀리레스토랑 이용객의 선택속성을 이용하여 Gap으로 분해하여 보다 더 세부적인 요인을 규명하고, 시장세분화 변수를 만들어 시장세분화와 이를 통한 수요결정요인을 밝혀 보다 효율적인 마케팅 전략과 포지셔닝 전략의 기본프레임을 만드는 목적을 달성해서 본 연구의 이론적인 시사점은 현재 외식시장 중 성장기에 달한 패밀리레스토랑 부분의 서비스 품질에 대한 기존의 연구방법을 적용하지 않고, 좀 더 세부적인 결론을 도출할 수 있는 세 가지 모형을 사용하여 기존 연구의 틀을 깨어 보다 세부적이고 다각도에서 시사점을 제공한다. 그리고 시장세분화 변수를 패밀리레스토랑 선택속성 선호형태를 사전변수로 이용하였으며, 이러한 변수들을 다항선택모형을 적용하여 시장을 세분화하였다. 이런 시장세분화는 단순히 군집분석에 의한 것보다 더 구체적인 시장세분화가 가능하게 하는 이론적 의의를 가진다.

실무적인 시사점으로는 전반적인 부분에서 현재 패밀리레스토랑 이용객들은 서비스요인을 중요한 요인으로 고려하는 것으로 나타났는데, 서비스 요인을 경쟁업체나 타 업종의 모범 업체의 밴치마킹을 통해 서비스의 현 문제점과 개선점을 파악하고, 고객의 서비스 인식수준이 높아짐에 따라 음식요인에 비해 서비스 요인은 부정적 Gap과 긍정적 Gap이 구매행동에 각각 正, 負의 영향을 미침에 따라 서비스 품질에 대한 개선 못지않게 고객의견조사나 설문을 통해 부정적인 요소를 찾아내는 데 우선순위를 두고, 경쟁업체들과의 보다 서비스 차별화가 우선시되어야 경쟁우위를 점할 수 있을 것이다. 이런 결과는 서비스요인의 긍·부정적 요소 모두를 수용하는 방향에서 마케팅 전략을 수립해야 함을 시사한다. 그리고 패밀리레스토랑의 소비자들이 선호하는 선호 유형에 대해서는 시설선호집단, 서비스·음식 선호집단, 가격·음식, 위생·청결, 무관심 군집의 5군집으로 파악될 수 있다. 시설선호집단은 기혼자 비율이 높은 것으로 가족 이용고객들이 많은 것으로 보이고, 월 평균 이용횟수가 0.5회 미만인 것으로 나타나 이용회수 증가를 위해서는 어린이를 동반할 경우를 위해 대기시설 확보와 놀이방 운영에도 관심을 많이 가져야 이용횟수를 높일 수 있을 것으로 보인다. 서비스·음식 선호집단은 월 평균 방문횟수가 0.5회 이상이기에 자주 방문하는 고객이기에 서비스와 음식에 대한 중요도를 더 두는 것으로 보이며, 알코올을 선호하는 집단이기에 종사원의 서비스 강화와 해피아워 활용, 텐트카드 등을 이용한 알코올 음료홍보를 통해 평균 지출액을 증가시켜야 할 것으로 보인다. 가격·음식 선호집단은 월 평균 방문횟수가 0.5회 미만이고, 평균 지출액이 3만 원 이상인 집단으로 추정되었다. 이는 방문횟수는 낮지만 평균 지출액이 높은 집단이기에 가격과 음식적인 부분에서 할인제도 확대, 이벤트 강화, 음식에 대한 질적 관리를 하여 방문회수를 증가시켜야 할 것이다. 위생·청결 선호집단은 대졸 이상의 학력과 평균 지출액이 3만 원 이상이고, 알코올을 선호하지 않는 집단이다. 이에 따라 위생 청결 부분을 철저히 엄수하고, 알코올을 선호하지 않는데 평균 지출액이 높기에 무알코올 음료 개발, 적극적인 스위트 와인 판매 등을 통해 평균 지출액을 증가시켜야 할 것이다.

패밀리레스토랑 이용 시 선택유형 변수 중 서비스·음식 선호집단은 다른 유형에 비해 이용수요량을 증가시키는 것으로 나타나 뭔가 고객에게 감동을 줄 수 있는 서비스나 고객 스스로 이용할 수 있도록 하는 외식업체 본연의 요소인 음식의 질, 맛, 양 등이 패밀리레스토랑 이용고객의 수요량을 증가시키는 데 중요한 역할을 하기에 서비스와 음식부분을 강화하기 위한 마케팅 전략이 수립되어야 할 것으로 보인다.

제3절 연구의 한계 및 향후 연구방향

본 연구는 다음과 같은 한계를 가지고 있다.

첫째 외식부분에 경제모형을 적용한 연구 자료가 부족하여 선행 연구의 결과가 부족하였다.

둘째 본 연구는 패밀리레스토랑 이용 경험자만을 대상으로 하였기에 좀 더 정확한 조사를 위해서 향후 연구에서는 현실적인 어려움이 있지만 주문하기 전 단계에서 조사를 하고, 식사를 마치고 돌아가는 고객을 대상으로 한다면 제일 정확한 방법이 될 것이고, 전혀 이용해 보지 않은 잠재적인 수요의 고객에 대한 의견이 완전히 배제되어 있기에 장기적인 관점에서 신규고객창출에 대한 효과는 한계를 가지고 있다.

셋째 설문조사를 1년 동안의 이용경험을 설정하고 조사를 하였는데, 분기별로 조사를 하여 일 년 정도의 데이터를 가지고 분석한다면 계절별, 시기별 등의 소비경향의 변화도 반영할 수 있을 것이다.

참고문헌

〈국내문헌〉

김경환·이정호 (1996). 국내선 항공여객교통 수요예측, 『생산기술연구소』 논문집, 12.: 53-65.

김계섭·조주은 (2005). 항공사 서비스 품질의 중요도-성과와 만족 간의 관련성 『관광연구』, 19(2): 35-61.

김계수 (2002). 인터넷포털 사이트의 서비스 품질 전략에 관한 연구, 『경영학 연구』, 31(1): 191-209.

김만술 (2004). 관광호텔 CRM 시스템의 조직특성과 성과에 대한 인식, 『관광연구』, 18(3): 105-22.

김문수 (2004). 호텔정보시스템의 중요도-실행도 분석, 『관광연구』, 18(2) 289-300.

김성섭·임재문·이형룡 (2001). 중요도-실행도 분석을 통한 국제회의 평가, 『관광연구』, 16(2): 257-274.

김연형 (1998). 통계학의 이해와 응용, 형설.

김영태 (2001). 생태관광시장의 세분화, 『관광학 연구』, 25(1): 233-251.

김영찬 (2002). 외식산업 선택속성을 통한 포지셔닝에 관한 연구, 경기대 대학원 박사학위논문.

김진탁 (1997). 외식산업 경영주의 의식구조에 관한 조사연구, 『관광연구』 11(2): 145-172.

김정숙 (2004). 지역주민의 관광영향 인식과 사회적 특성이 관광개발

유형에 미치는 영향, 세종대학교 박사학위논문.

김한식 (2000). 국제관광 무역상품 선택에 관한 연구, 경희대학교 대학원 무역학과 박사학위논문.

김화경 (1999). 관광호텔 연회상품 선택행동에 관한 연구, 경기대학교 대학원, 박사학위논문.

김효석 · 박해철 (2003). 경상계열을 위한 통계학, 형설.

김형준 (2004). 패밀리레스토랑 서비스 품질이 재구매 의도에 미치는 영향, 경기대학교 박사학위논문.

강경우 · 백병성 (1998). 순서형 프로빗모형을 이용한 속도선택행태에 관한 연구, 『대한교통학회지』, 16(3) : 93 - 100.

강병서 (1997). 행렬과 Spss/PC이용 다변량 통계분석, 학현사.

구순이 (1999). 서비스 모호성이 소비자 만족의 형성과정에 미치는 영향에 관한 연구, 『한국마케팅저널』, 1(4) : 75~103.

고호석 (1997). 패밀리레스토랑 이용객의 서비스 품질 속성에 대한 기대와 만족차이에 관한 연구, 『관광학 연구』, 22(1) : 78 - 97.

노정철 (2003). 관광정보시스템 가치평가에 관한 연구, 『관광 · 레저연구』, 14(3) : 267 - 286.

민계홍 (2001). 호텔 이태리레스토랑 소비자의 메뉴선택행동에 관한 실증연구, 『외식경영연구』, 4(1) : 65 - 81.

문혜선 · 이희찬 (2005). 서비스 선택속성이 외식업체 유형 선택행동에 미치는 영향 연구, 『외식경영연구』, 8(3) : 201 - 220.

박경연 · 나정기 · 신성순 (2002). 시장세분화에 따른 중식레스토랑 선택행동에 관한 연구, 『외식경영연구』, 5(2) : 95 - 113.

박면애 · 유택용 (2003). 외식시장구조의 세분화 전략방안에 관한 연구, 『한국조리학회지』, 14(3) : 98 - 112

박상현 (2001). 관광지 개선을 위한 IPA이용과 범위설정에 관한 연구, 『관광연구논총』, 13 : 79 - 95.

박재완 (2001). 외식업체 소비자 선택모형에 관한 연구, 『관광정책연구』, 7(2) : 49 - 71.

백용창 (2000). 패밀리레스토랑 이용고객의 구매의사결정에 관한 연구, 동아대학교 대학원, 박사학위논문.

변우희 · 노정철 (2003). 백제문화권 관광발전을 위한 가치평가와 대응전략『관광레저 · 연구』, 14(2): 25 – 46.

박현지 · 주현식 · 권영국 (2005). 이벤트 참가자의 기대수준과 만족수준의 평가, 『호텔경영학 연구』, 14(4): 395 – 410.

손대현 · 김병삼 (1999). 관광지의 서비스 품질제고, 『관광논총』18: 217 – 249.

손일락 (1992). 호텔기업 식음료 상품의 포지셔닝 전략에 관한 연구, 경기대학교 대학원, 박사학위논문.

손일락 · 박희석 (1996). 패밀리레스토랑 서비스 품질 평가에 관한 연구, 『여행학 연구』, 4: 53 – 87.

송용섭 · 김형순 (2004). 현대마케팅, 문영사.

송재룡 (1998). 직장인과 비직장인들의 일일교통발생과 관련된 변수들의 비교분석, 『대한 교통학회지』, 16(1): 35 – 45.

이승길 (2005). 마리나 보팅 잠재수요의 결정 요인 및 시장세분화, 세종대학교 박사학위논문.

이익수 · 정태웅 (1995). 패밀리레스토랑의 서비스 품질평가에 관한 고객집단 인식차이 분석, 관광품질시스템연구, 1(4): 133 – 149.

이유재 · 이준엽 (2001). 서비스 품질의 측정과 기대효과에 대한 재고찰, 『마케팅 연구』, 16(1): 1 – 26.

이애주 · 황보성경 (2002). 호텔외식사업부에서 운영하는 레스토랑 선택속성이 고객만족에 미치는 영향에 관한 연구, 『호텔관광경영연구』 17: 155 – 159.

이은수 (2004). 컨벤션 참가를 위한 관광프로그램의 지불의사 추정과 관광시장 세분화의 결정요인분석, 세종대학교대학원 박사학위논문.

이정훈 (2000). 베이커리 업체의 선택요소에 관한 연구, 『한국조리학회지』, 6(1): 177 – 195.

정석중 · 김용상 · 이봉석 · 심인보 · 이주형 · 이미혜 · 김창수 (1997). 관광조사

론, 대왕사.

이희찬(2004). 주 5일 근무제가 관광수요에 미치는 영향, 『관광학 연구』, 28(1): 43-61.

이희찬·한진영 (2004). 전시관람 수요의 결정요인, 『관광학 연구』, 28(48): 307-326.

_____(2005), 전시관람 서비스 품질의 중요도-실행도 불일치가 전시 관람행동에 미치는 영향, 『관광학 연구』, 29(3): 165-184.

이학식·안광호·하영원 (2003). 소비자 행동, 법문사.

_____(2003). 반복구매상황에서 기대-불일치 패러다임에 관한 연구, 『소비자학 연구』, 14(2): 85-113.

이혜련·김정만 (2003). 컨벤션 참가자의 서비스 품질 지각이 행동의도에 미치는 영향, 『관광학 연구』, 27(1): 181-199.

양위주·박희정 (2002). 이용행태 및 인구 통계적 특성과 레스토랑 속성 간의 관계에 관한 연구, 『한국식품영양과학회지』, 31(3): 492-500.

안광호·임병훈 (2004). SPSS를 활용한 사회과학 조사방법론, 학현사.

안광호·채서일 (1993). Multinomial Logit 모델을 이용한 점포행위에 대한 실증연구, 『경영학 연구』, 22(6): 101-120.

안광호·임영균 (1996). 이산적 확률선택모형을 이용한 경쟁적 시장구조 분석에 관한 연구, 『소비자학 연구』, 7(1): 75-90.

오영찬 (2001). 호텔과 패밀리레스토랑의 시장세분화에 관한 연구: CHAID 분석을 중심으로, 세종대학교 대학원, 박사학위논문.

유영진 (1999). 패밀리레스토랑 이용행태에 따른 선택속성에 관한 연구, 『관광레저연구』, 11(1): 43-67.

윤성준·박종원 (2003). 기대 불일치와 전반적인 만족에 따른 자동차 고객 충성집단의 분류, 『소비자학 연구』, 14(1): 39-58.

이태희 (2002). 관여도 수준에 따른 지방축제 관광객 시장세분화방법 비교연구, 『관광학 연구』, 26(1): 135-148.

장병수·변우희 (2004). 관광상품지각에 의한 관광목적지 평가, 『관광학 연구』, 28(1): 83-107.

장태연 (2003). 과산포 검정을 통한 택시 교통사고 모형을 설정, 『교통공학』, 23(1D): 27-34.

정진우 · 전경철 (2004). 서양요리에 대한 고객의 선택속성이 판매촉진 전략에 미치는 영향에 관한 연구, 『한국관광정보연구』, 18: 45-62.

정진혁 (2001). 순서형 확률모형을 이용한 가구기준 승용차 보유대수 추정에 관한 연구, 『대한토목학회논문집』, 21(6): 755-763.

조문수 (1995). 호텔고객의 메뉴선택과 메뉴기획, 한양대학교 박사학위논문.

주미영 (2000), 프로빗과 순차적 프로빗 분석에 대한 이해와 적용. 『정보학 연구』, 6(1): 24-48.

차석빈 · 김홍범 · 김우곤 · 윤지환 · 오홍철 (2001). 다변량 분석의 이론과 실제, 학현사.

채서일 (2004). 사회과학 조사방법론, 학현사.

_____(2002). 마케팅, 학현사.

_____(1999). 사회과학조사방법론, 서울: 학현사.

최기종 · 박상현 (2001). IPA를 이용한 관광지 평가, 『호텔경영학 연구』, 10(1): 276-289.

최주호 (2002). 호텔 서비스 인카운터에서의 지각된 서비스 품질, 고객태도, 만족, 재이용 의도 간의 영향관계. 동아대학교 대학원 박사학위논문.

〈국외문헌〉

Aitchison, J. & Bennet, J. A. (1970). Polychotomous Quantal Response by Maximum Indicant, *Biometrika*, 57(2): 253-262.

Aitchison, J. & Silvey, S. D. (1957). The Generalization of Probit Analysis to the case of Multiple Response, *Biometrika*, 44(1): 131-140.

Angelika, E. & Ronning, G. (1997). Microeconometric models of tourists' destination choice, *Regional Science and Urban Economics*, 27: 735-761.

Ashford, J. R. (1959). An approach to the Analysis of Data for Semi-Quantal Responses in Biological Assay, *Biometerics*, 15(4): 573-581.

Ashford, J. R. & Sowden, R. R. (1970). Multi-Variate Probit Analysis, *Biometerics*, 26(3): 535-546.

Bagozzi, R. P. (1986). Principle of Marketing Management.(Chicago: SRA: Science Research Associates). 12: 730.

Bartel, A. P. (1979). The migration decision: What role does job mobility play? *American Economic Review.* 69: 775-786.

Bearden, W. & Teel, J. E. (1983). Selected determinants of customer satisfaction and complaints reports. *Journal of Marketing Research*, 20(Feb): 21-28.

Becker, C. B. & Weaver & Simon C. (1994). A Pilot study Utilizing Conjoint Analysis in the Comparison of Age-Based Segmentation Strategies in the Full Service Restaurant Market, *Journal of Restaurant & Foodservice Markeing*, 1(2): 71-91.

Becker, C. B. (1996). Implementing the Intangibles: A Total Quality Approach for Hospital service Providers. 『In Olsen』. M. D., Teare. R, and Gummeson. E.: 278-295.

Berry, L. L. (1980). Service marketing is different, *Business*, 30: 24-29.

Bhat, C. R. (1997). Work travel mode choice and number of nonwork commute stops, *Transportation Research*, 31: 495-507.

Bhattacherjeem A. (2001). Understanding Information Systems Continuance: An expectation confirmation model, *MIS Quarterly*, 25(3): 351-370.

Bigne, J. E. & Andreu, L. (2003). Emotion in Segmentation. *Annals of Tourism Research*, 31(3): 682 – 696.

Binter, M. J. (1992). Service scape: The Impact of Physical surroundings on Customers and employee. *Journal of Marketing*, 56(2): 57 – 71.

Bojanic, David. C. & Linda J. S. (1997). Segmentation for a Multi – unit Restaurant Operation, *The Cornell Hotel and Restaurant Administration Quarterly*, : 56 – 61.

Bojanic, D. C. & Rodney B. & Warnick. (1995). Segmenting the Market for winter vacations, *Journal of Travel and Tourism Marketing*, 4(4): 85 – 95.

Bonn, M. A. (1981). The relative utility of sociodemographics, psych – ographic scales and benefit scales for segmenting pleasure vacation travel, Texas A&M University.

Brady, M. K. & Cronin, J. J. (2001). Some new Thoughts on conceptualizing perceived service quality: A hierarchical approach. *Journal of Marketing*, 65(July): 34 – 49.

Buckline. R. E. (1991). A Two – State Model of Purchase incidence and Brand Choic, *Markrting Science*, 10: 24 – 39.

Cadotte, Emest. R. & Norman T. (1988). Key Factors in Guest Satisfaction, *The Cornell H.R.A. Quarterly*, 28(4).

Cai, L. A. & Feng, R. & Breiter, D. (2004). Tourist purchase decision involvement and information preferences. *Journal of Vacation Marketing*, 10(2): 138 – 149.

Cameron, A. C. & Trivedi, P. K. (1998). Regression Analysis of Count Data. Cambridge: Cambridge University Press. 379 – 398.

Canadian Hotel & Restaurant. (1986). Marketing Management, Toronto: Maclean Hunter: 100 – 110.

Carman, J. M. (2000). Patient perceptions of service quality: Combining the dimensions, *Journal of Service Marketing*, 14(4): 337 – 352.

Chib, S. & Seetharaman, P. B. & Strjnev, A. (2004). Model of brand choice with no-purchase option calibrated to scanner -panel data. *Jounal of Marketing Research*, 41(2): 184-193.

Chon. K.S. & Weaver. P. A. & Kim. C. Y. (1991). Marketing your community: Image analysis in norfolk. *The Cornell H.R.A. Quarterly*, 31(3): 31-37.

Christopeher W. L. H. & Gregory D. C. (1985). Quality: A Brand New, Time Tested Strategy, *The Cornell H.R.A. Quarterly*, 26(3): 52-63.

Cohen, A. C. (1959). Estimation in the Poisson distribution when sample values of $c+1$ are sometimes erroneously reported as c. *Annals of Institute of Statistical Mathematics*, 11: 189-193.

_____(1960). Estimating the perameters of a modified Poisson distribution. Journal of American Statistical Association, 55: 342-348.

Christein, F. G. (1987). "Richness: a way to evaluate segmentations systems" Attitude Research Conference, west palm Beach, F.L.

Cronin, J. J. & Steven & Taylor, A. (1992). Measuring Service Quality: A Reexamination and Extension, *Journal of Marketing*, 56: 55-68.

_____(1992). Measure Service Quality, *Journal of Marketing*, 56(July): 65-67.

Dabholkar, T. D. I. & Rentz, J .O. (1996). A Measure of service quality for retail stores. *Journal of Academy of Marketing Science*, 24(Winter): 3-16.

Davidson, R. & Mackinnon. J. G. (1993). Estimation and Inference in Econometerics. Oxford University Press. New York.

Doi Toshio. (1992) An Inside Look at Japanese Food Service, *The Cornell H.R.A. Quarterly* 33(6). 73-83.

Dhir K. S. (1987). Analysis of Consumer behavior in the hospitality industry, An application of social judgement theory, International Journal of Hospitality Management, 6(3): 149-160

Dickson, P. R. (1982). Person–situation segmentation's missing link, *Jouranl of Marketing*, 46(4): 56–64.

Don Charlett, Ron Garland & Norman Marr(1995). How Damaging is Negative word of Mouth? Marketing Bulltin, (6): 42–50.

Donkers, B. & Franses, P. H. & Verhoef, P. C. (2003). Selective sampling for binary choice models. *Journal of Marketing*, 40(4): 492–501.

Dube, L., Renaghan, L. M. & Miller, J. M. (1994). Measuring Customer Satisfaction for Strategic Management. *The Cornell HRA Quarterly*, 35(1): 39–47.

Duke. C. R. & Persia. M. A. (1996). Performance–Importance Analysis of Escorted Tour Evaluations. *Journal of Travel and Tourism Marketing*, 3: 207–223.

Robert L. (1990). The New Economics of Fastfood, NY: Van Nostrand Reinhold.

Engel, J. F., Blackwell, R. D. & Talarzykjw, W. (1990). Contemporary case in consumer behavior. The Dryden Press.: 517.

Engel, J. F. Blackwell, Roger D. & David K. (1986). Consumer Behavior. The Dryden Press.: 133–157.

Erevelles, S. & Clark, L. (1992). A Comparison of Current Models of Consumer Satisfaction/Dissatisfaction, *Journal of Consumer Satisfaction, Dissatisfaction and Complaining Behavior*, 5: 106.

Ernest, R. & Cadott & Norman T. (1988). Key Factors in Guest Satisfaction, *The Cornell HRA Quarterly*, 28(4): 44–56.

Evans, M. R. & Chon. K. (1989). Formulating and evaluating tourism policy using importance–performance analysis. *Hospitality Education and Research*, 13: 203–213.

Fang. M. T & C. Y. Ching–Ying. (2005). Parititoned Fuzzy integral Multinimial logit model for Taiwan's internet telephony market,

Omega, 33(3): 267-276.

Faria, A. & Fenn, P. & Bruce, A. (2003). A count data model of technology adoption. *Journal of Technology Transfer.* 28: 63-79.

Field, A. M. (1999). The College student market Segment: A Comparative study of travel behaviors of international and domestic student at a southeastern university, *Journal of Travel Research,* 37: 375-381.

Filliatrault, P.& Ritchie, J. R. B. (1988). The Impact of Situational factors on the evaluation of Hospitality Services, *Journal of Travel Research,* 27(4): 18-38.

Fitzsimmons, A. & Fitzsimmons, M. J. (2002). Service management: Operations, Strategy and Information Technology. McGraw-Hill, Inc.

Fix, P. & Loomis, J. & Eichhorn, R. (2000). Endogenously chosen travel costs and the travel cost model: An application to mountain biking at Moab, Utah. *Applied Economics,* 32(10): 1227-1238.

Formica, S. F. & Uysal, M. (1998). Market segmentation of an international cultural-historical event in Italy. *Journal of Travel Research,* 36: 16-24.

Frank, R. E. & Massy, W. F. & Wind, Y. (1980). Market Segmentation (Englewood cliffs: Prentice-Hall).

Garzin, L. & Janeen E. O. (1977). Market Segmentation for Fast-Food Restaurants in an Era of Health Consciousness, *Journal of Restaurant and Foodservice Marketing,* 2(2): 1-20.

Gensch & Wilfred W. & Recker. (1979). The Multinomial, Multaattribute\ Logit Choice Model, *Journal of Marketing Research,* 16(1): 124-132.

Goldsmith, R. E. & Litvin, S. W. (1999). Heavy users of travel agents: A segmentation analysis of vacation travelers. *Journal of Travel Research,* 38: 127-133.

Greene, W. H. (2000). Economertic Analysis. Prentice-Hall. Upper Saddle River.

Grewal, D. & Krishnan R. & Julie B. & Norm B. (1998). The Effect ofstore Name, Brand Name, and Price Discounts on Consumers Evaluations and Purchase Intention Journal of Retailing, 74(3): 331-352.

Grogger, J. T. & Carson, R. T. (1987). Model for count from choice Based Sample. University of California, San Diego.

Grönroos. C. (1984). A Service Quality Model and its Marketing Implication Europen Journal of Marketing, 18(4): 36-44.

_____(1983). Innovative Marketing Strategies and Organization Structures for Service Firms, in Emerging Perspectives on Service Marketing, American Marketing Association: 9-21.

Gruca & Sudharshan. (1991). Equilibrium characteristics of multinomial logit market share model. Journal of Marketing Research, 28(4): 480-482.

Guadagnolo, F. (1985). The Importance performance analysis: An evalution and Marketing tool. Journal of Park and Recreation Administration. 3(2): 12-22.

Gupta, S. & Cintagunta, P. K. (1994). On using demographic variables to determine segment membership in logit mixture model. Journal of Marketing Research, 31(Feb): 128-136.

Gurmu, S. & Trivedi, P. (1996). Excess zeros in count models for recreational trips. Journal of Business and Economic Statistices, 14(4): 469-477.

Haartsen, T. & Groote, P. & Huigen, P. (2003). Measuring age differentials in representation of rurality in the Netherlands, Journal of Rural Studies, 19: 245-252.

Hall & Michael. (2001). Trendsin ocean and coastal tourism: the

144

end of the last frontier?, *Ocean & Coastal Management*, 44(9): 601 – 618.

Hammitt. W. E. & Bixler. R. D. & Noe. F. P. (1996). Going Beyond importance – performance Analysis to Analyze the observance influence of Park impacts. *Journal of Park and Recreation Administration*, 14(1): 45 – 62.

Hart & Christopher, W. L. & Gergory D. C. (1992). Quality: A Brand – New, Time – Tested Strategy, *The Cornell H.R.A. Quartely*, 33(6): 73 – 83.

_____ (1985). Ouality: A Brand – New, Time – Tested Strategy, *The Cornell H.R.A. Quartely*. 26(3): 52 – 63.

Hellerstein, D. & Mendelson, R. (1993). A Theoretical foundation for count data models. *American Journal of Agricultural Economics*, 75: 604 – 611.

Hemmasi. M. & Strong. K. C. & Taylor. S. A. (1994). Measuring service quality for strategies planning and analysis in service firms. *Journal of Applied Business Research*, 10(4): 24 – 34.

Henry Assael. (1983). Consumer behavior and marketing action, 2nd ed, Boston: Kent Publishing Company.

_____ (1998). Henry Assel, Consumer Behavior and Marketing Action, 6th ed.: 87.

Hollenhorst. S. & Olson. D. & Fortney. R. (1992). Use of Importance – performance analysis to Evaluate State Park Cabin: The case of the West Virginia State Park System. *Journal of Park and Recreation Administration*, 10(1): 1 – 11.

Hsu, C. H. C. & Lee, E. (2002). Segmentation of senior motorcoach travelers, *Journal of Travel Research*, 40: 364 – 373.

Hudson, S. & Shepard, G. W. H. (1998). Measuring service quality at tourist destination: an application of importance – performance analysis to an alpine ski resort. *Journal of Travel and Tourism Marketing*, 7(3): 61−77.

Isabelle & Frochot. (2005). A benefit segmentation of tourist in rural area *Tourism Management*, 26: 335−346.

James F. & Engel R. D. Blackwell & Paul W. M. (1986). Consumer Behavior. 5th. The Dryden Press.: 521.

_____(1993). Consumer Behavior. 7th ed. The Dryden Press.

_____(1995). Consumer Behavior, 8th ed. Orland, FL: The Dryden Press.: 846.

Jay, K. (2004). Service Quality Management. The Haworth Hospitality Press,: 127−139.

Jonathan. D. B. & William J. Q. (2001). Household preference revisions and decision making: The role of disconfirmation. *Research in Marketing*. 18: 319−339.

Jones, P. & Peter A. J. (1990). Stress: Are you serving It up Your Restaurant Partrons? *The Cornell H.R.A. Quartely*, 31(3): 38−43.

Karlaftis, M. & Tarko. A. (1998). Heterogeneity Considerations in accident modeling. *Accident Analysis and Prevention*, 20(4):425−433.

Kent, B. M. & Guiltinan, J. P. (1975). A Pah−Analytic Expioration of Retail Patronage Influence, *Journal of Consumer Research*, 2: 62−88.

Khan, K. (2002). Residential mobility with job location uncertainly, *Journal of Urban Economics*, 52: 501−523.

Khan, M. A. (1991). Concepts of Foodservice Operations and Management, NY: Van Nostand.

Kivela, J. & Inbakaran, R. & Reech, J. (2000). Consumer research in the restaurant environment , Part 3: analysis, findins and conclusions, *International Journal of Contemporary Hostitality Management*, 12(1): 13−30.

Kotler. P. (1990). Principle of Marketing, Pretice – Hall; 194

_____(1984). Marketing Management: Analysis, Planning and Control. 4th ed. Prentice – Hall.

_____(1984). *Marketing Management*: Analysis, Planning and Control(5thed.). Englewood Cliffs: Prentice – Hall.

_____(1994). Marketing Management, 8th ed,: 174.

Kotler. P. & Bloom. P. L. (1984). Marketing Professional Services, Eaglewood Cliffs: Prentice – Hall.

Knutson B, Pete S. & Mark P. & Colleen T. (1992). Consumers Expectations for Service Quality in Economy, Mid – Price and Luxury Hotels. *Journal of Hospitality and Leisure Marketing.* 1(2). 35 – 40.

Knutson, B. & Pete S. & Mark P. (1995). DINESERV: Measuring Service Quality in Quick Service, Casual/Theme and Fine Dining Restaurants, *Journal of Hospitality and Leisure Marketing.* 3(2): 35 – 44.

Lambert, C. U. & Watson, M. K. (1984). Restaurant Design: Researching the Effects on Customers, *The Cornell H.R.A. Quartely,* (Feb): 68 –76.

Latour, S. A. & Peat, N. C. (1979). Conceptual and Methodological Issue in Consumer Satisfaction Research. *Advances in Consumer Research,* 6(1): 421 – 437.

Laurant, G. & Kapferer, J. N. (!995). Measuring Consumer involvement Profiles *Journal of Marketing Research,* 22: 41 – 53.

Laurette, D. & Leo, M. R. & Jane, M. M. (1994). Meauring Customer Satisfaction for Strategic Management, *The Conell H.R.A. Quaterly,* 35(1): 39 – 47.

Leon, G. S. & Leslie L. K. (1983). Consumer Behavior. Englewood Cliffs. NJ. Prince – Hall, Inc.: 538.

_____(1994). Consumer Behavior, 5th ed, Prentice Hall, 1994.: 7.

Leslie, P. J. & Stephen L. J. & Smith. (1987). Service Attributes and Situational Effects on Customer Preference for Restaurant Dining, *Journal of Travel Research*, 26(2): 20−27.

Lewis, R . C. & Booms, H. (1983). The Marketing of service Quality? in *Emerging Perspectives on service Marketing*, L. Berry, G. Shostack, and G. Upah(eds), AMA,: 99−107.

Liao, T. F. (1994). Interpreting Probability Models−: Logit, Probit, and Other Generalized Linear Models, Quantitative Application in the Social Sciences, Sage Publication.: 7−101.

Linneman, P. & Graves, P. E. (1983). Migration and job change: A Multinomial logit approach, *Journal of Urban Economics*, 14: 263−279.

Luce, R. (1959). Individual Choice Behavior, New York: John Willy and sons Inc. 153.

Lundberg, D. E. (1989). The Hotel and Restaurant Business, NY: Van Nostrand Reinhold. 364.

Maddala, G. S. (1983). Limited Dependent and Qualitative Variables in Econometerics. Cambridge: Cambridge University Press. 6: 401.

Marcolin. B. (1994). The impact of users' expectations on the success of information technology implementation. Dissertation Abstracts International. Unpublished Dissertation. The University of Western Ontario.

McFadden, D. L. (1981). Econometric models of probabilistic choic Manski and D.L. McFadden, eds., Structural analysis of discrete data with econometric applications(MIT Press, Cambridge, MA),: 198−272.

_____(1974). Conditional logit analysis of qualitative choice behavior. in P. Zarembka(Ed), Frontiers in Econometrics, New York: Academic Press.: 105−142.

Martilla. J. A. & James. J. C. (1977). Importance performance analyis. *ournal of Marketing,* 41(1): 77 – 79.

Martin. D. W. (1995). An Importance – performance analysis of service provider's'perception of quality service in the hotel industry. *Journal of Hospitality & Leisure Marketing,* 3(1): 5 – 17.

Michael S. M. (1993). Benefit Dimensions of Midscale Restaurant Chains, *The Conell H.R.A. Quaterly,* 34(2): 40 – 45.

Morden, A. R. (1985). Market segmentation and practical policy formulation. *The Quarterly Review of Marketing.* 49(2),: 1 – 12.

Mullahy, J. (1986). Specification and testing of some modified count models. *Journal of Economics.* 33: 341 – 365.

Murdrick R. G. & Render B. & Russell, R. S. (1990). Service Operations Management, Boston: Allyn and Bacon.

Nalor, G. & Frank, K. E. (2001). The effect of price bundling on Consumer perceptions of value. *Journal of Service Marketing,* 15(4): 270 – 281.

National Restaurant Association Research and Information Service Department. (1983). Consumer Expectation with regard to Dining at Family Restaurant.

Oh, H. (2000). Diner's perceptions of quality, value and satisfaction. *The Cornell Hotel and Restaurant Administration Quarterly,* 41(3): 58 – 70.

Okoruwa, A. & Terza, J. & Nourse, H. (1988). Estimating patronization shares for urban retail centers: An extension of the Poisson gravity model. *Journal of Urban Economics,* 24: 241 – 259.

Oliver, J. C. (1981) Measurement Evaluation of Satisfaction Processes in Retail Settings. *Journal of Retailing.* 57(Fall): 25 – 48.

Oliver, R. L. (1980). A cognitive model of the antecedents and Consquences of satisfaction decision, *Journal of Marketing Research,* 17: 460 – 469.

Oliver, R. L. (1977). Effect of Expectation and disconfirmation on Postexposure product Evaluations: An Alternative Interpretation, *Journal of Applied Psychology*, 62: 480-486.

Oliver, R. L. & Desarbo, W. S. (1988). Response Determinants in satis-faction judgements, *Journal of Consumer Research*, 14: 495-507.

Olsen, J. C. & P. A. Dove. R. (1979). Disconfirmation of Consumer Expectation Through Trial, *Journal of Applied Psychology*, 64(2): 79-189.

Ommeren, J. V., Rietveld, P. & Nijkamp, P. (1999). Job moving, residential moving and commuting: A search perspective. *Journal of Urban Economics*, 46: 230-253.

Parasuraman, A., Berry, L. L. & Zeithamal, V. A. (1985). A Conceptual Model of Service Quality and its Implications for Future Research. *Journal of Marketing*, 49(Fall): 41-50.

_____(1988). Refinement and Reassessment of the SERVQUAL Scale. *Journal of Retailing*, 67(4): 420-450.

_____(1988). SERVQUAL: A Multiple-Item Scale for Measuring Consumer Perception of service Quality, *Journal of Retailing*, 64(spring): 12-40.

_____(1990). Delivering quality service, pp.181-183.

Prentice, R. (1989). Market Targeting, In Tourism Marketing and management handbook edited by S. F. Witt and L. Montinho, New York: Prentice Hall.

Raymond, C. & Choi, T. (2000). An importance-performance analysis of hotel selection factors in the Hong Kong hotel industry: a comparison of business and leisure travellers. *Tourism Management*, 21: 363-377.

Peter, J. (1990). Stress: Are you serving it up your restaurant patrond?, *The Conell H.R.A. Quaterly*, 31(3): 38-43.

Randall, L & Senior, M. (1992). Managing and Improving service Quality and Delivery, Technical Communications Publishing Ltd.

Richard L. O. (1979). Conceptualization and Measurement of Disconfirmation Perception in the Prediction of Consumer Satisfaction, in Refing Concepts and Measure of Consumer Satisfaction and Complaning Behavior, R.L. Day and H.K. Hunt, eds., Bloomington: India University, School of Business, vision of Research,: 2-6.

Romm, D. L. (1989). The Quiet Revolution at Allie's *The Cornell H.R.A Quarterly*, 30(2): 26-34.

Rust, R. A. & Zahorik & Keiningham, T. (1994). Probus Publishing, Chicago.

Schroeder, J, J. (1985). Restaurant Critics respond: We're doing our job, *The Cornell H.R.A. Quarterly*, 25(4): 57-63.

Shaw, D. G. (1988). On-site samples regression: Problems of non-negative integers, truncation and endogenous strstification. *Journal of Econometrics*, 37(2): 211-223.

Spiggle, S. & Murphy A, S. (1987). A Cooice sets Model of Retail Selection, *Journal of Marketing*, 51(2): 98-111.

Spreng, R. A. & Mackenzie, S. B. & Olshavsky, R. W. (1996). A reexamination of the determinants of consumer satisfaction. *Journal of Marketing*, 60(3): 15-32.

Staples. D. S. & Ian, W. & Peter, B. S. (2002). Having expectations of information systems benefits that match received benefits: does it really matter? *Information & Management*, 40: 115-131.

Stynes, D. & Peterson, G. (1984). A review of logit models with implications for Modeling recreation choice. *Journal of Leisure Reseach*, 16(4): 295-311.

Susan, G. (1993). kinds Door Out, Canada John Wiley & Sons, Inc:

1 - 15.

Swan J, E. & Warren, D. M. (1980). Testing Comparison level and Predictine expectation models of satisfaction. advances in Consumer Research, 8: 77 - 82.

Swan, J. E. & I. F. Trawick. (1982). Disconfirmation of Expectation and Satisfaction with Retail Service, *Journal of Retailing* 57: 49~67.

Swan, J. E. & I, Frederick Trawick. (1979). Satisfaction Related to Predictive vs Desired Expectation, Refining Concepts and Measures of Consumer Satisfaction and Complaining Behavior; 7 - 12.

Sweeney, J. C. & Soutar, G. N. (2001). Consumer Perceived value: The development of multiple item scale. *Jouunal of Retailing*, 77(2): 203 - 220.

Swinyad, W. R. & Kenneth, D. S. (1986). Market Segementation: Finding the Heart of your Restaurant Market, *The Cornell H.R.A Quarterly*, 27(1): 89 - 96.

Teas, R. K. (1993). Expectations Performance Evaluation and Consumer's Perceptions of Quality, *Journal of Marketing*, 57: 18 - 34.

Thurstone, L. (1927). Psychological Analysis, American *Journal of Psychology*, 38: 368 - 389.

Toshio Doi. (1992). An Inside Look at Japanese Food service, *The Conell H.R.A. Quaterly*, 33(6): 1 - 15.

Tse, D. K. & Wilton, P. C. (1988). Models of Consumer Satisfaction Formation; An Extension, *Journal of Marketing Research*, 25(2): 204 - 212.

Wendell, R. S. (1978). Retrospective Note on Market Segmentation, *Journal of Marketing*, 15: 316.

Westbrook, R. A. & Michael D. R. (1983). Value - Percept Disparity: An Alternative to the Disconfirmation of Expectation Theory of

Consumer Satisfaction. *Advanced in Consumer Research*, 47: 68-72.

Well, W. D. (1975). Psychographic: A critical Review, *Journal of Marketing*, 7: 196-213.

William, J. & Lawson, R. (2001). Community issues and residents opinions of tourism, *Annals of Tourism Research*, 28. 422-438.

William R. S. & Kenneth D. S. (1986). Market Segmentation: Find the Heart of your Reataurant Market. *The Conell H.R.A. Quaterly*, 27(1): 89-96.

Wind, Y. (1978). Issues and advances in segmentation theory, *Jounal of Marketing Research*, 15: 317-337.

Witt, F. W. & Moutinho, L. (1989). Tourism Marketing and Management handbook(New York: Prentice-Hall). 6(5): 656.

Woodruff, R. B. (1997). Consumer Value: The next source for com -petitve advantage. *Journal of the Academy of Marketing Science*, 25(2): 139-153.

Lee, Y. L. & Hing, N. L. (1995). Measuring Quality in Restaurant Operations: An Application of SERVQUAL Instrument, *Hospitality Management*, 14: 293-310.

Zax, J. (1994). What is a move migration? *Resional Science and Urban Economics*, 24: 341-360.

Zhang. H. Q. & Chow. I. (2004). Application of Importance-performance model in tour guides performance: evidence from mainland Chiness outbound visitors in Hong Kong. Tourism Management. 25: 81-91.

Zeithaml V. A. & Bitner, M. J. (1996). Services Marketing, New York: McGraw-Hill Book Company. 10: 700.

부 록

설문지

> 패밀리레스토랑의 서비스 품질에 의한 구매행동, 시장세분화 및
> 수요결정요인분석

　　본 설문지는 "패밀리레스토랑 서비스 품질에 의한 구매행동, 시장세분화 및 수요결정요인분석"이라는 주제로 진행 중인 연구의 실증 조사를 위해서 마련된 것입니다. 바쁘신 중에도 시간을 할애해 주신 점 진심으로 감사드리며, 본 연구의 결과는 패밀리레스토랑을 이용하는 고객 서비스 향상에 중점을 두어 고객 서비스 부분에 있어 큰 기여를 할 것으로 보입니다.

　　귀하의 답변하신 내용에는 맞고 틀리는 것이 없습니다. 조사된 내용은 통계적 숫자로만 처리되어 개인의 비밀은 보장됩니다. 질문내용을 숙지하시고 해당되는 사항에 체크(√) 표를 해 주시거나 직접 기입해 주시기 바랍니다.

　　귀하의 답변 하나 하나가 패밀리레스토랑의 고객 서비스 향상에 큰 기여를 하신다고 생각하시고 정성껏 답변해 주시면 감사하겠습니다. 또한 귀하의 답변 내용은 연구 목적 이외에는 절대 사용되지 않을 것이며 무기명으로 처리될 것입니다.

　　바쁘신 중에도 답변에 응해주신 점 감사드리며 귀하의 답변 내용이 본 연구에 많은 도움이 되리라 생각합니다. 진심으로 감사드리며 귀하의 무궁한 발전이 있기를 기원합니다.

궁금점이 있으시면 즉시 연락 주십시오.

조 사 자: 서 진 우 (017-543-6961)

e-mail: eveningjw@hanmail.net

Ⅰ. 다음 질문에 체크(√표)하여 주시기 바랍니다.

1. 귀하께서는 아래에 제시된 패밀리레스토랑 중 평상시 자주 이용하시는 매장에 체크(√표)하여 주시기 바랍니다.

예) ① T. G. I Friday   ② 베니건스(Bennigans)
　　③ 아웃백 스테이크(Outback Steak House)   ④ 빕스(VIPS)
　　⑤ 마르쉐(Marche)   ⑥ 기타(   )

2. 1년 동안(2005년 9월 - 2006년 8월) 위에서 선택하신 패밀리레스토랑을 몇 회 방문하셨습니까? (   )회

3. 위에서 답한 패밀리레스토랑을 제외하고 자주 방문하는 패밀리레스토랑의 1년 동안(2005년 9월 - 2006년 8월) 방문횟수는?

패밀리레스토랑	T.G.I.F	베니건스(Bennigans)	마르쉐(Marche)	빕스(VIPS)	아웃백 스테이크(Outback Steak House)
방문횟수					

4. 향후 이용하신다면 어떤 브랜드를 선택하시겠습니까?
① T. G. I Friday ② 베니건스(Bennigans) ③ 마르쉐(Marche)
④ 빕스(VIPS) ⑤ 아웃백 스테이크(Outback Steak House)
⑥ 기존 브랜드 고수 ⑦ 기타(   )

Ⅱ. 다음은 앞에서 답변하신 자주 방문하는 매장(브랜드)의 서비스 품질에 관한 설문입니다. 각 항목에 대하여 귀하의 중요도와 만족을 가장 잘 나타내고 있는 곳에 체크(√표)하여 주시기 바랍니다.

(* 문항설명: 중요도＝업장 선택 시 중요도를 두는 정도, 만족＝ 업장을 이용한 후 중요도에 대한 느낌)

설 문 문 항	중요도					만 족				
	매우 낮다	낮다	보통	높다	매우 높다	매우 불만족	불만 족	보통	만족	매우 만족
가격대비 음식의 질	①	②	③	④	⑤	①	②	③	④	⑤
가격대비 음식의 맛	①	②	③	④	⑤	①	②	③	④	⑤
음식의 양	①	②	③	④	⑤	①	②	③	④	⑤
메뉴의 다양성	①	②	③	④	⑤	①	②	③	④	⑤
실내온도/습도/통풍 정도	①	②	③	④	⑤	①	②	③	④	⑤
금연석 유무	①	②	③	④	⑤	①	②	③	④	⑤
업장외관	①	②	③	④	⑤	①	②	③	④	⑤
배경음악 & 조명	①	②	③	④	⑤	①	②	③	④	⑤
고객 수용력(좌석 수)	①	②	③	④	⑤	①	②	③	④	⑤
대기시설 및 놀이방시설	①	②	③	④	⑤	①	②	③	④	⑤
종사원의 접객태도	①	②	③	④	⑤	①	②	③	④	⑤
서비스제공까지 대기시간	①	②	③	④	⑤	①	②	③	④	⑤
종사원의 친절성	①	②	③	④	⑤	①	②	③	④	⑤
종사원의 실수에 대한 대처능력	①	②	③	④	⑤	①	②	③	④	⑤
음식의 가격	①	②	③	④	⑤	①	②	③	④	⑤
할인제도적용	①	②	③	④	⑤	①	②	③	④	⑤
할인정책의 공지성	①	②	③	④	⑤	①	②	③	④	⑤
부가 서비스(생일파티 등)	①	②	③	④	⑤	①	②	③	④	⑤
음식기물의 위생·청결	①	②	③	④	⑤	①	②	③	④	⑤
화장실의 위생·청결	①	②	③	④	⑤	①	②	③	④	⑤
종사원의 위생·청결	①	②	③	④	⑤	①	②	③	④	⑤

Ⅲ. 다음은 고객이 이용한 매장의 만족도에 관한 내용입니다. 해당되는 점수에 체크(√표)하여 주시기 바랍니다.

이용한 매장의 만족도	만족도				
	매우 아니다	아니다	보통	그렇다	매우 그렇다
이용하신 매장에 대한 전반적인 만족도는?	①	②	③	④	⑤
이용하신 매장을 향후 지속적으로 이용할 의사가 있습니까?	①	②	③	④	⑤
향후 이용한 패밀리레스토랑을 타인에게 추천할 의사가 있습니까?	①	②	③	④	⑤

Ⅳ. 다음은 이용 실태에 관한 내용입니다. 해당되는 곳에 체크(√표)하여 주시기 바랍니다.

1. 귀하가 앞에서 선택하신 매장에 대해 1년 동안(2005년 9월-2006년 8월)의 월 평균 이용 횟수는?

① 월 평균 0.5회 미만 ② 월 평균 0.5회 ③ 월 평균 1회
④ 월 평균 2-3회 ⑤ 월 평균 4-5회 ⑥ 6회 이상

2. 귀하는 앞에서 선택하신 매장(브랜드)은 주로 누구와 함께 이용하십니까?

① 가족 ② 연인 ③ 친구, 선후배 ④ 직장동료 ⑤ 기타(   )

3. 귀하가 앞에서 선택하신 매장(브랜드)의 주 이용 목적은 무엇입니까?

① 식사를 주목적으로   ② 친구나 연인의 만남
③ 사업목적상의 만남   ④ 가족의 모임(생일, 기념일)
⑤ 정기적인 모임(계, 회의)   ⑥ 기타(   )

4. 귀하가 앞에서 선택하신 매장(브랜드)에 대해 1회 이용 시 본인의 평균 지출 금액은 얼마입니까?

① 1만 원 미만   ② 1만 원-1만 5천 원 미만
③ 1만 5천 원-2만 원 미만   ④ 2만 원-3만 원 미만
⑤ 3만 원-5만 원 미만   ⑥ 5만 원 이상

5. 귀하가 앞에서 선택하신 매장(브랜드)에서 테이블 전체 지출금액 중 알코올성 음료에 대한 지출금액은 얼마입니까?

① 없다   ② 1만 원 미만
③ 1만 원-1만 5천 원 미만   ④ 1만 5천 원-2만 원 미만
⑤ 2만 원-3만 원 미만   ⑥ 3만 원 이상

6. 귀하가 앞에서 선택하신 매장(브랜드)은 대체적으로 누가 결정하십니까?

① 본인 ② 연인 ③ 부인(가족동반의 경우) ④ 자녀
⑤ 친구나 선후배 ⑥ 직장동료 ⑦ 기타(   )

7. 귀하가 앞에서 선택하신 매장(브랜드) 이용 시 가장 중요시하는 선정기준은 무엇입니까?

① 맛 ② 가격 ③ 분위기 ④ 접근성 ⑤ 청결 ⑥ 지명도
⑦ 기타(   )

8. 귀하가 앞에서 선택하신 매장(브랜드)에 관한 정보는 주로 어디서 얻습니까?

① 주위 사람들의 권유 ② 신문, 잡지 ③ 인터넷
④ 전단지 및 홍보물 ⑤ 간판이나 플랜카드
⑥ 책자 ⑦ 기타(   )

Ⅴ. 다음은 귀하의 인적사항에 관한 질문입니다. 해당되는 곳에 표시해 주시기 바랍니다.

1. 귀하의 성별은? ① 남자 ② 여자
2. 귀하의 결혼 여부는? ① 기혼 ② 미혼 ③ 기타(   )
3. 귀하의 연령은? (   )
4. 귀하의 학력은 어떠합니까?

□	□	□	□	□	□	□	□	□	□	□	□	□	□	□	□	□	□	□	□	□
0	1	2	3	4	5	6	7	8	9	10	11	12	13	14	15	16	17	18	19	20년 이상
무	초등학교					중학교				고등학교			대학교				대학원			

5. 귀하의 직업은 무엇입니까?

① 학생 ② 사무직 ③ 전문직 ④ 생산 / 기능직 ⑤ 자영업

⑥ 주부(가장의 직업:) ⑦ 서비스직 ⑧ 공무원 · 교직원

⑨ 퇴직 · 무직 ⑩ 기타(   )

6. 귀댁의 월 소득은 얼마입니까?(가족전체)

① 100만 원 미만   ② 100 - 200만 원 미만

③ 200 - 300만 원 미만   ④ 300 - 400만 원 미만

⑤ 400 - 500만 원 미만   ⑥ 500만 원 이상

- 답변해 주셔서 감사합니다. -

·저자·

서진우

·약 력·

세종대학교 대학원 조리외식경영학과(외식경영학 박사)
세종대학교 대학원 호텔관광경영학과(호텔관광경영학 석사)
경주대학교 호텔경영학과(경영학 학사)
전) 극동정보대학 호텔외식산업과 초빙교수
　　한국산업인력공단 조주기능사 시험감독관 및 전문위원
　　세종 칵테일서비스 전문학원 원장
　　문경 그랜드 관광호텔 총지배인
　　관광진흥연구원 연구원
　　태화호텔 주임
현) 세종 외식창업서비스 연구소 소장
　　한국대학레크리에이션 협회 전문위원 및 지도교수

·주요논저·

「패밀리레스토랑 서비스품질에 의한 구매행동, 시장세분화 및 수요결정
요인분석」
「드라마 관광지 기대평가에 관한 연구」
「관광시스템적 접근에 관한 연구」
「특급호텔 Executive Floor 운영방안에 관한 연구－부산지역 특1급호텔
을 중심으로－」
「Arima 모형을 이용한 호텔 식음료 매출액 예측」
「관광이벤트 참여자의 여행행태와 선택속성이 재방문의사결정에 미치는
영향에 관한 연구」
「지역축제의 참여동기와 만족도에 기초한 시장세분화에 관한 연구」
「울산 방문객의 방문동기와 만족도에 관한 연구」
「기업환경과 호텔 마케팅 전략이 경영성과에 미치는 영향에 관한연구」
「부산지역 전시 컨벤션 산업의 육성방안에 관한 연구」
「외식업체의 서비스품질이 점포충성도에 미치는 영향과 매개변수의 역할」
『실전 외식창업 실무론』
『프로 바텐더를 향한 칵테일 실무 테크닉』
『성공적인 대인관계를 위한 매너 & 서비스 실무』
『소믈리에 실무론』
『외식사업 경영실무론』
『관광 레크리에이션』
『조주기능사』
『호텔 식음료 실무론』(공저)
『관광이벤트 경영실무론』(공저)
『주류학의 이해』(공저)
외 다수

패밀리레스토랑
서비스품질

• 초판 인쇄	2007년 12월 20일
• 초판 발행	2007년 12월 20일
• 지 은 이	서진우
• 펴 낸 이	채종준
• 펴 낸 곳	한국학술정보㈜
	경기도 파주시 교하읍 문발리 513-5
	파주출판문화정보산업단지
	전화 031) 908-3181(대표) · 팩스 031) 908-3189
	홈페이지 http://www.kstudy.com
	e-mail(출판사업부) publish@kstudy.com
• 등 록	제일산-115호(2000. 6. 19)
• 가 격	10,000원

ISBN 978-89-534-7914-2 93320 (Paper Book)
      978-89-534-7915-9 98320 (e-Book)